本书获浙江工商大学 2016 年重点教材项目支持（项目编号 1030XJ2916084）

 说会计

陈引○著 李依○绘

图书在版编目(CIP)数据

画说会计 / 陈引著. —上海：立信会计出版社，2017.2
ISBN 978-7-5429-5350-6

Ⅰ.①画… Ⅱ.①陈… Ⅲ.①会计学 Ⅳ.①F230

中国版本图书馆CIP数据核字(2017)第002892号

策划编辑　洪梅春
责任编辑　洪梅春
封面设计　南房间

画说会计
Huashuo Kuaiji

出版发行	立信会计出版社
地　址	上海市中山西路2230号　邮政编码　200235
电　话	(021)64411389　传　真　(021)64411325
网　址	www.lixinaph.com　电子邮箱　lxaph@sh163.net
网上书店	www.shlx.net　电　话　(021)64411071
经　销	各地新华书店
印　刷	上海天地海设计印刷有限公司
开　本	787毫米×960毫米　1/16
印　张	11.5
版　次	2017年2月第1版
印　次	2018年4月第2次
印　数	6 101—9 200
书　号	ISBN 978-7-5429-5350-6/F
定　价	39.00元

如有印订差错,请与本社联系调换

序

在很多人看来，多年从事会计教学、研究的人，应该是属于对数据敏感，工作严谨，不苟言笑的那一群人，而会计本身的职能也需要对企业的资金及其运动继续进行核算与监督，会计信息是否客观，将直接影响信息使用者对自己未来的准确把握，似乎也来不得半点的幻想与浪漫。

记得是2015年11月份，本书的作者浙江工商大学财务与会计学院陈引教授来找我谈她的构思：鉴于目前高校中会计专业的学生基本没有实务经验的现实，为激发学生的专业兴趣，她准备用绘画与动漫方式将基础会计画出来。而且她认为：学美术的学生本性自由浪漫，充满想象力，但对会计数据极其没有概念。若能教会他们会计，又能让他们从美术的视角，将基础会计原理、方法及知识画出来。那该书就一定会让所有读过的人——即便是没有任何基础的人——都能学懂会计。

尽管当时觉得想法很有创意，但看着她手上拿着的寥寥几幅画稿，我并不能确信她真的能够全部画出来。

没有想到，一年后的今天，她居然带着几个美院的毕业生，用170多幅漫画，将基础会计画了出来，并将画稿交给了出版社。

看过所有画稿后，我顿时觉得：即将出版的这本《画说会计》的确达到了作者的预想。这是一本漫画绘本的会计基础学习课本，书中分8个部分(幕、场)细致地介绍了会计的来龙去脉、基础知识和基本方法，深入浅出，活泼有趣，图文并茂。作者怕读者还有疑惑，又辅以短小精悍的动漫进行进一步的演绎。相信任何初学者看过后，不仅会会心一笑，而且也一定能理解会计的专业知识！

事实上，此书是会计专业与漫画的初次碰撞和融合，是一种专业教学形式的创新。

需要作者丰富的教学经验与绘画基础作为铺垫,需要由两个领域专业人员的热情参与和辛勤付出。相信此书只是一个开端,希望未来能出现更多层次的会计"画"说版。非常期待真正让快乐学习会计成为一种可能!!!

浙江工商大学财务与会计学院院长　博导

2017年1月于杭州

前　言

《画说会计》由一名具有30年会计教学经验的高校教师，与3名美术专业学子发扬专业工匠精神，挖掘智慧才华创作完成，是将看起来枯燥无味的专业课以活泼的漫画及动漫形式表现出来的一种全新尝试。本书的表现形式是手绘漫画与文字解释相结合并辅以动漫视频（动漫视频通过扫一下二维码即可观看）。为增加画面感，我们参照剧本的结构，将内容用"幕"与"场"来表示。

本书的基本思路是从介绍"会计的前世今生"（第一幕）开始，以解释会计的基础知识；第二幕"会计是个技术活"，介绍账户与复式记账；第三幕"职场练手初体验"，演示复式记账法的运用技巧；第四幕"财产清查保安全"，学会核实资金、查清家底的方法；第五幕"会计凭证打基础"，牢记经济业务必须要有真实、可靠、可验证的凭证；第六幕"埋头记账都有啥"，知道会计怎么记账，记哪些账，记错了怎么改；第七幕"报告一出知冷暖"，则系统地介绍了会计报表编制的基本方法及运用；最后用第八幕"持续经营需守规"，释意账务处理程序与会计法规基础，并作为总结与结束。

本书以立信会计出版社出版的畅销教材——《基础会计》为蓝本，涵盖了基础会计的所有知识点，完全可以作为独立学习会计知识的课本。由于本书用更为直观的手绘漫画形式来表现，部分内容还配有动画小视频，比只有文字的教材更有实景感，更容易使读者身临其境地学习与理解。因此，本书也适合所有想学会计的人士，包括财经类院校的学生、经济类研究生，乃至双专业学生及其他在职人士。

本书的宗旨是借用"画"文并茂的解说，让初学者能快乐地学习会计，并理解会计的基本理论，掌握会计的基本方法，并在工作和生活中运用会计的基础知识，让读者体验到会计并非像传说中的那么难以入门。

本书作者浙江工商大学财务与会计学院陈引教授（女）基于丰富的会计教学与实践经验，并结合自身绘画基础，负责编著文字内容，拟定绘制大纲，解释会计知识和内容的相互关联，以及后期制作；动画专业画者李依（女）负责构思人物与本书全部绘画与文字的书写；动漫设计者林月晓（男）及金瑞奇（女）负责漫画小视频人物的设计及制作。由于会计与美术专业知识差异很大，因此在整个编著与创作过程中，合作者通过尽心、频繁的交流与相互学习，先将会计知识传授给年轻的美术工作者，然后由他们用画笔与文字进行再次创作。

当然，由于本书是一种将会计专业基础知识与绘画相结合的创新，没有其他类似的作品可供借鉴，因此创作实践与经验尚有不足，恳请读者能多多支持与指教。

作　者
2017 年 1 月

目录

序幕 …………… 1
第一幕　会计的前世今生 …………… 2
第二幕　会计是个技术活 …………… 32
第三幕　职场练手初体验 …………… 51
第四幕　财产清查保安全 …………… 106
第五幕　会计凭证打基础 …………… 120
第六幕　埋头记账都有啥 …………… 132
第七幕　报告一出知冷暖 …………… 149
第八幕　持续经营需守规 …………… 165

让颇具实景感的有趣动画小视频助你了解会计的前世今生，教你学会复式记账的方法。

复式记账法　　　　古代会计　　　　近代会计　　　　现代会计

序幕

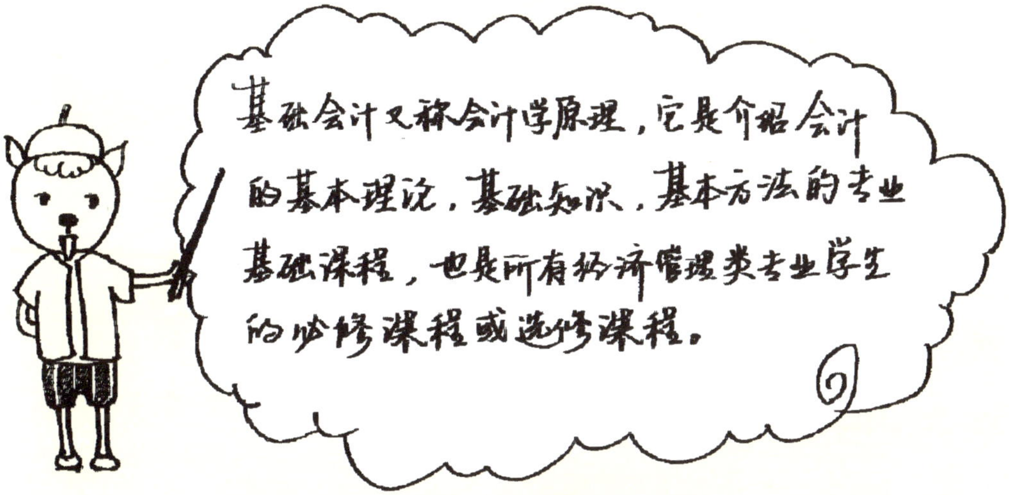

> 基础会计又称会计学原理，它是介绍会计的基本理论、基础知识、基本方法的专业基础课程，也是所有经济管理类专业学生的必修课程或选修课程。

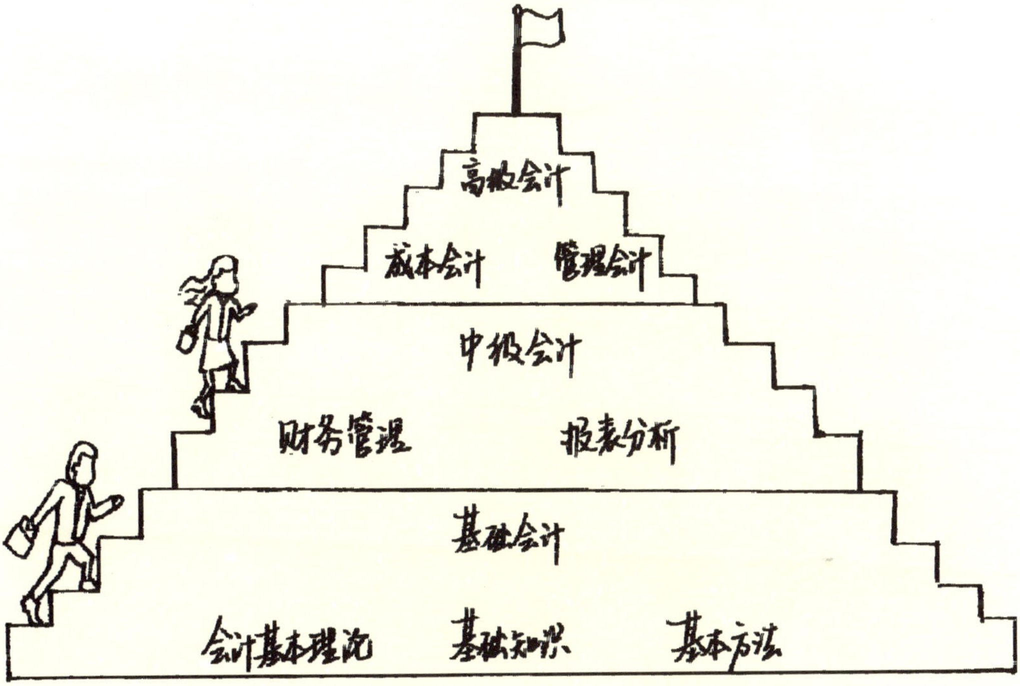

第一幕　会计的前世今生

第一场　会计与社会经济的发展

在现代经济社会中，会计信息与每一个社会阶层人民的工作、生活密切相关。但是会计本身的含义是什么？会计信息是否等于财务报表？会计的对象、职能、作用、目标又是什么？

事实上，会计经过了几千年的发展与演变已有了专门的理论与方法体系，且仍在不断发展。

会计是随着生产管理的需要而产生、发展的，且经济越发展会计越重要。

会计分为三个阶段

古代会计：（结绳记事）　（龟背刻字）　（交子）　（四柱清册）

近代会计：（复式记账法）

现代会计：（计算机代替手工记账）

会计的起源

一、**古代会计**：古代会计始于原始社会，止于中世纪。在原始氏族社会中，生产力水平限于当天生产、当天消费阶段，就没有记录的需要。

原始社会

↓ (两个小时后……)

3

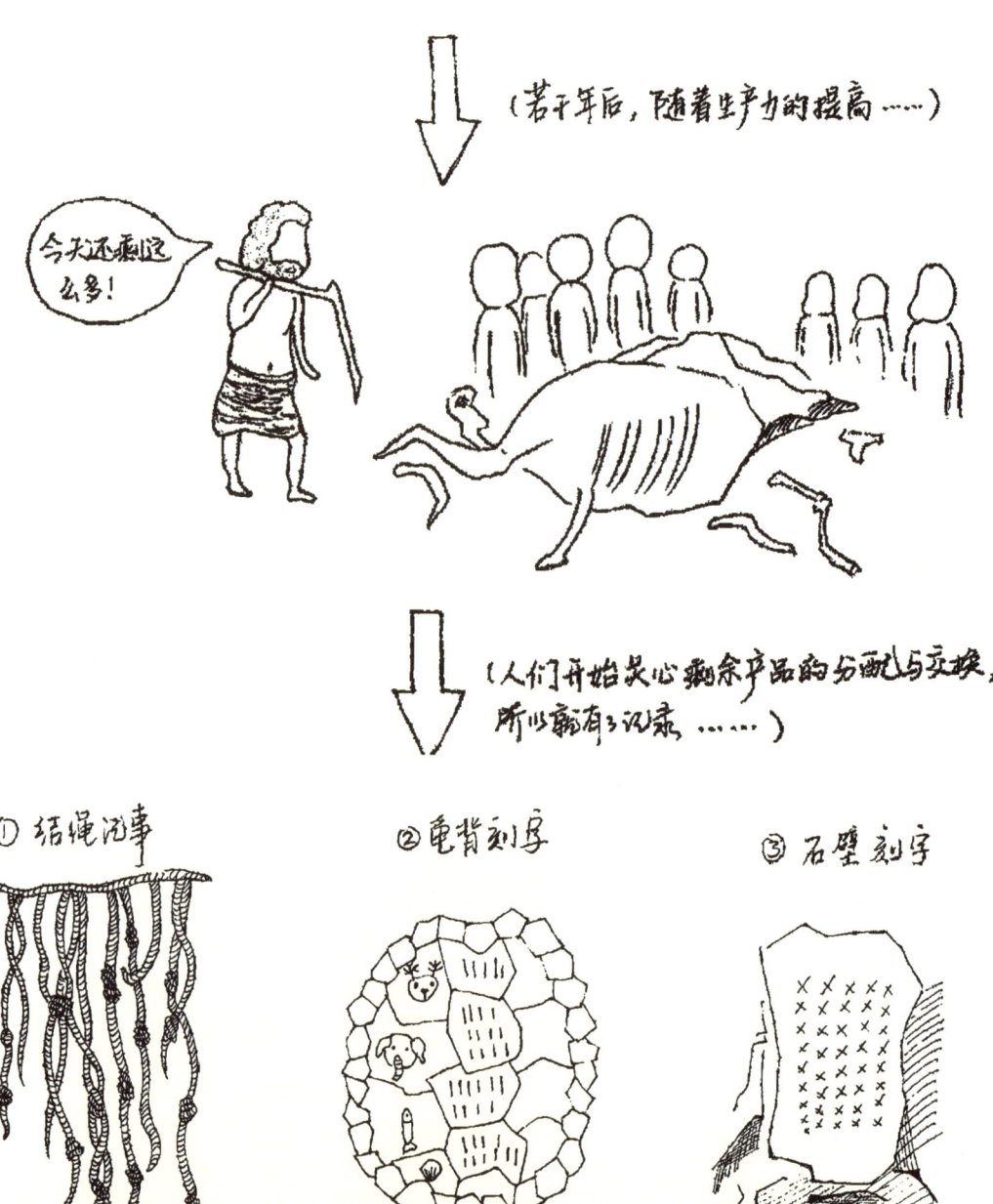

〈后来出现了四大文明古国〉

古中国——周朝

〈古印度记账员〉

"陛下,这个月××司××××××"
〈司会〉

〈陛下〉

〈再后来,古埃及、古巴比伦以及古印度开始没落,而当时中国的经济发展走在世界的前列……〉

春秋战国时期

〈金银饰品〉

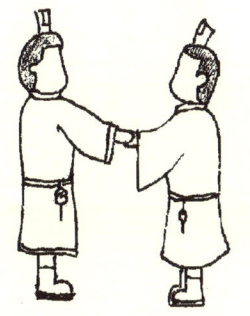

宋代

（到了宋代，出现了作为交易媒介的纸币——"交子"）

"交子"

↓布

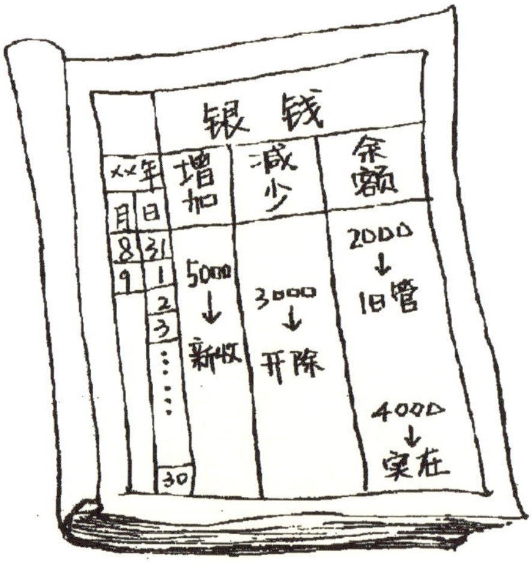

"旧管 + 新收 — 开除 = 实在"

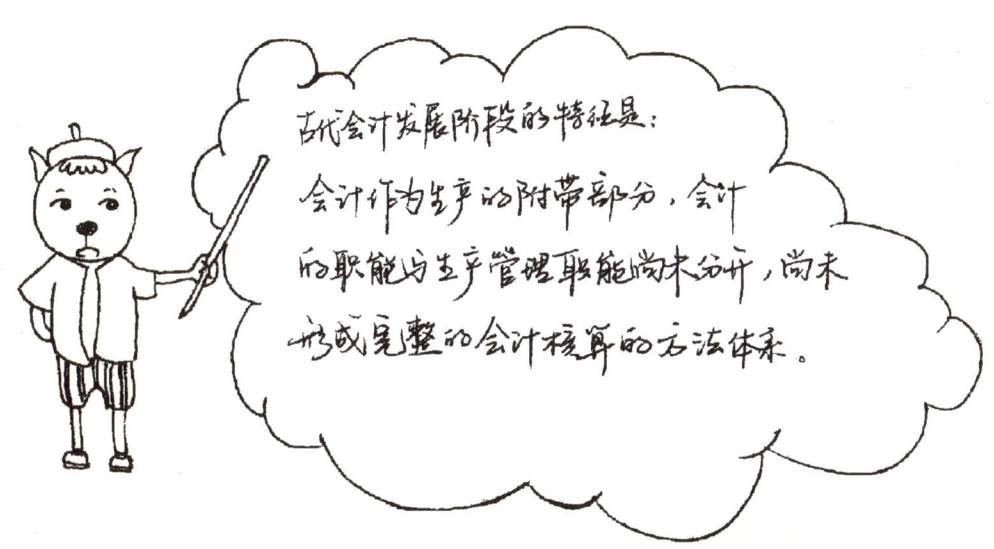

古代会计发展阶段的特征是：会计作为生产的附带部分，会计的职能与生产管理职能尚未分开，尚未形成完整的会计核算的方法体系。

二、近代会计

(1) 十三世纪 意大利城邦国家

到了十三世纪，世界经济发展的重心已转移到欧洲，那时意大利城邦国家依托海上贸易发展城市商业和手工业，经济空前繁荣。

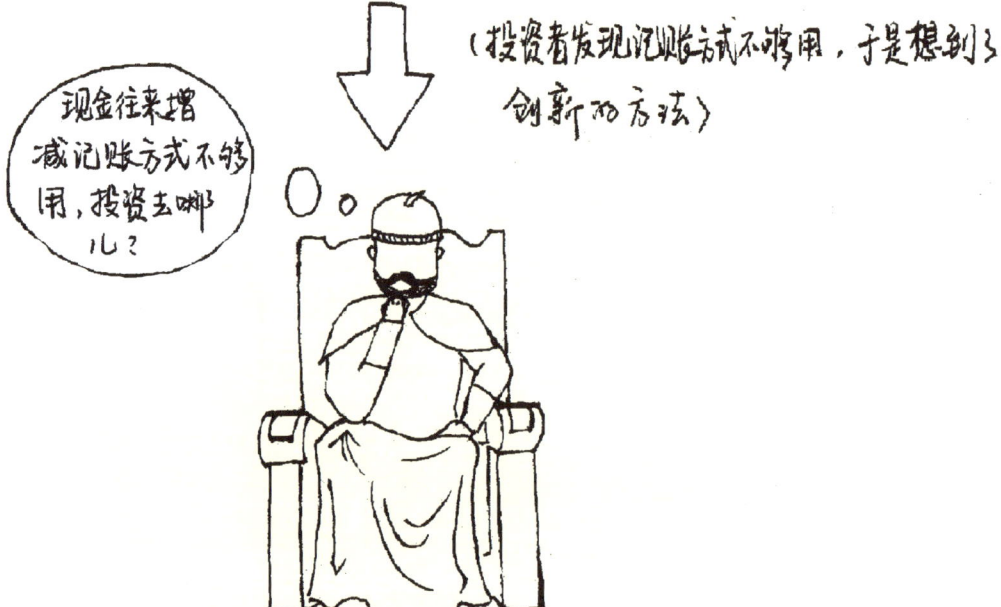

(1494年，意大利数学家卢卡·巴其阿勒在《算术、几何、比及比例概要》一书中曾系统介绍过复式记账法)

(2) 十八～十九世纪

英国工业革命

工业革命的基础是资本的原始积累，英国最初的资本积累是通过不道德的、掠夺式的方式进行的。

英国掠夺殖民地及本国广大农民的土地

9

⬇ （资本原始积累遭到反抗）

（反抗者）

（侵略者）

⬇ "圈地运动"

原本农民的土地

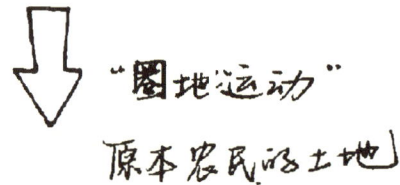

⬇ （被英国的地主圈起来养羊
农民去了破产，只能向远方流浪）

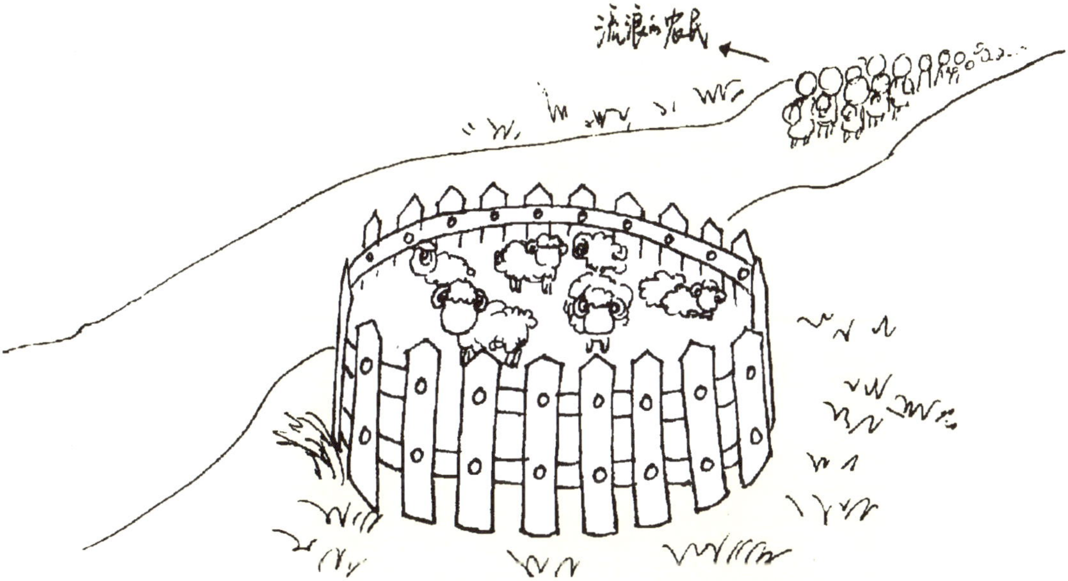

流浪の农民

(原因是那时候英国毛织业很繁荣,羊毛需求量激增,需要大量的土地来养羊)

11

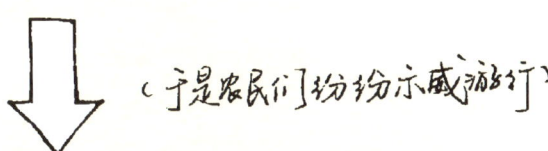
（于是农民们纷纷示威游行）

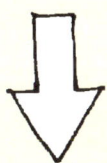
（尽管工业革命的发展需要资金）

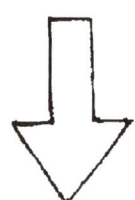
（但原先那种掠夺式的资本原始积累方式已经不能再用了，于是新的资本筹集方式——股份制出现了）

"蝶"

"茧"

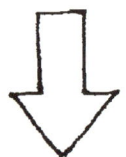
（股东大会选举董事会成员）

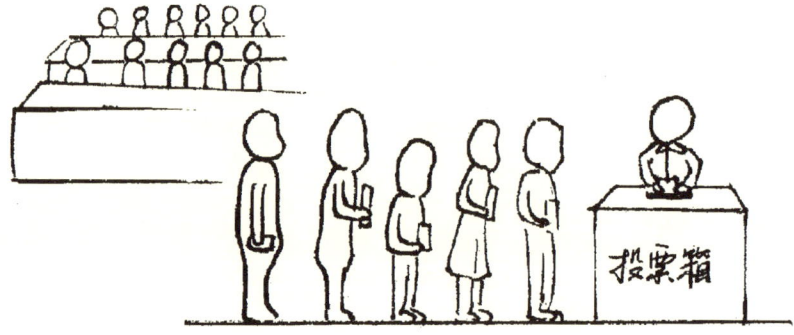

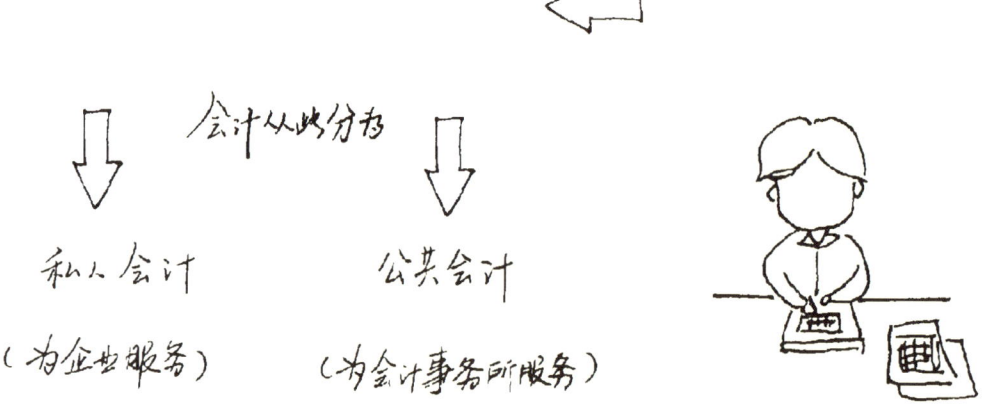

会计从此分为

私人会计
（为企业服务）

公共会计
（为会计事务所服务）

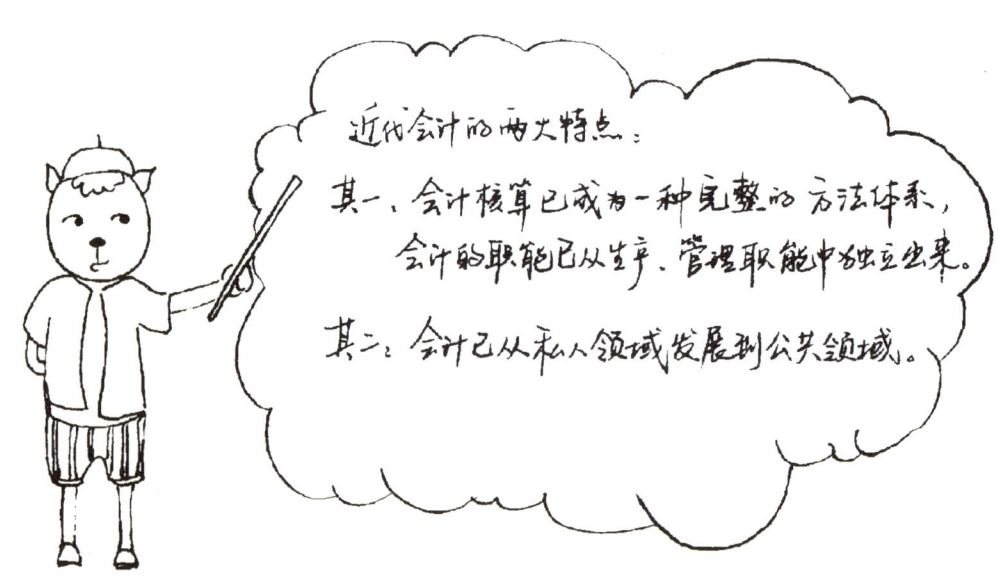

近代会计的两大特点：

其一、会计核算已成为一种完整的方法体系，会计的职能已从生产、管理职能中独立出来。

其二、会计已从私人领域发展到公共领域。

三. 现代会计

两次世界大战，削弱了英国乃至整个欧洲的经济实力，远离主战场的美国取代了英国，成为世界的经济中心及会计发展最快的地区。

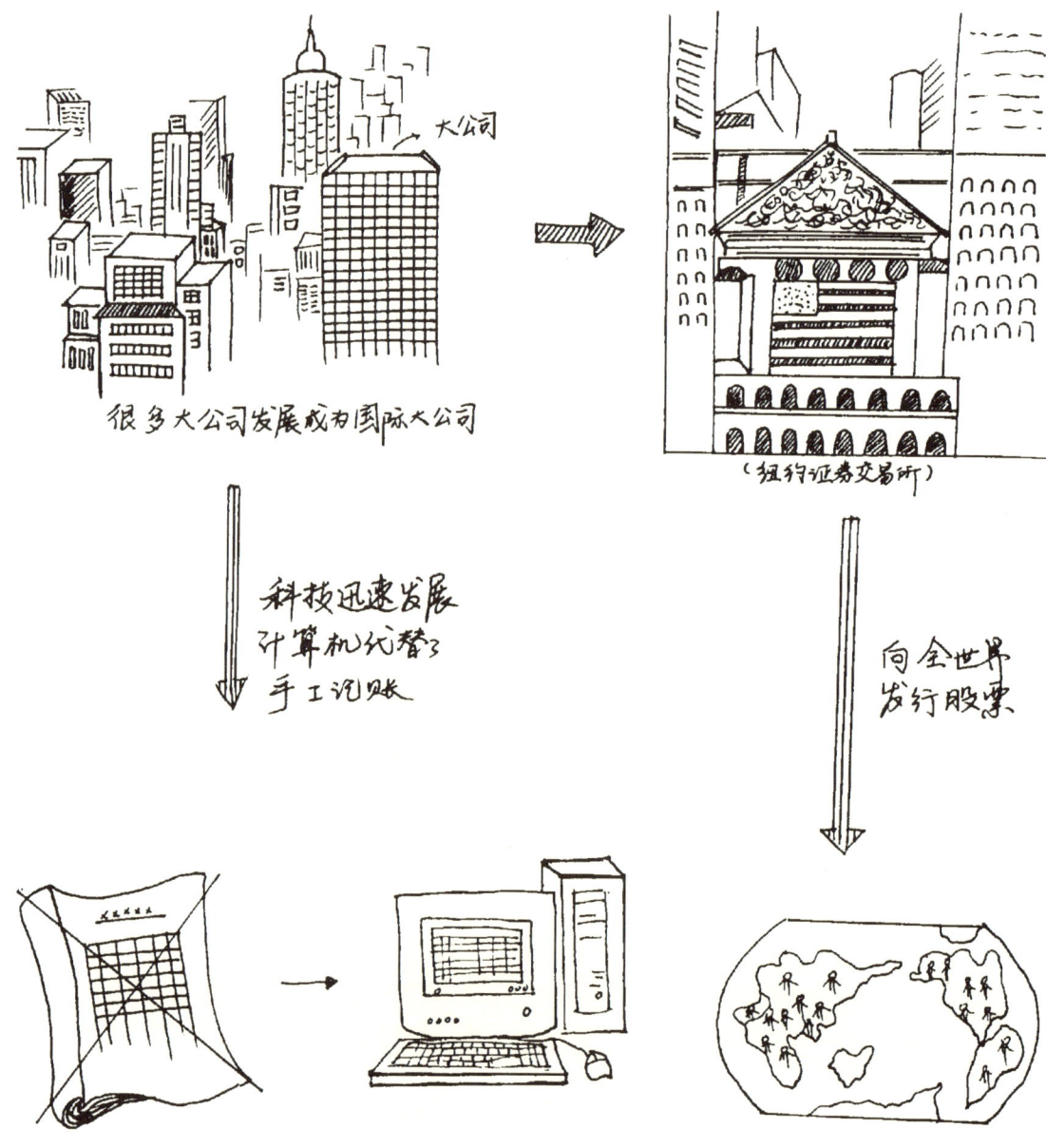

随着美国经济、科技的发展，计算机已逐渐代替手工记账，股份公司的筹资渠道已从国内市场向国际市场拓展，跨国公司的出现，使得加强企业管理显得尤为重要，会计也从原先只提供对外信息的传统的财务会计向为企业内部管理服务的管理会计领域发展。

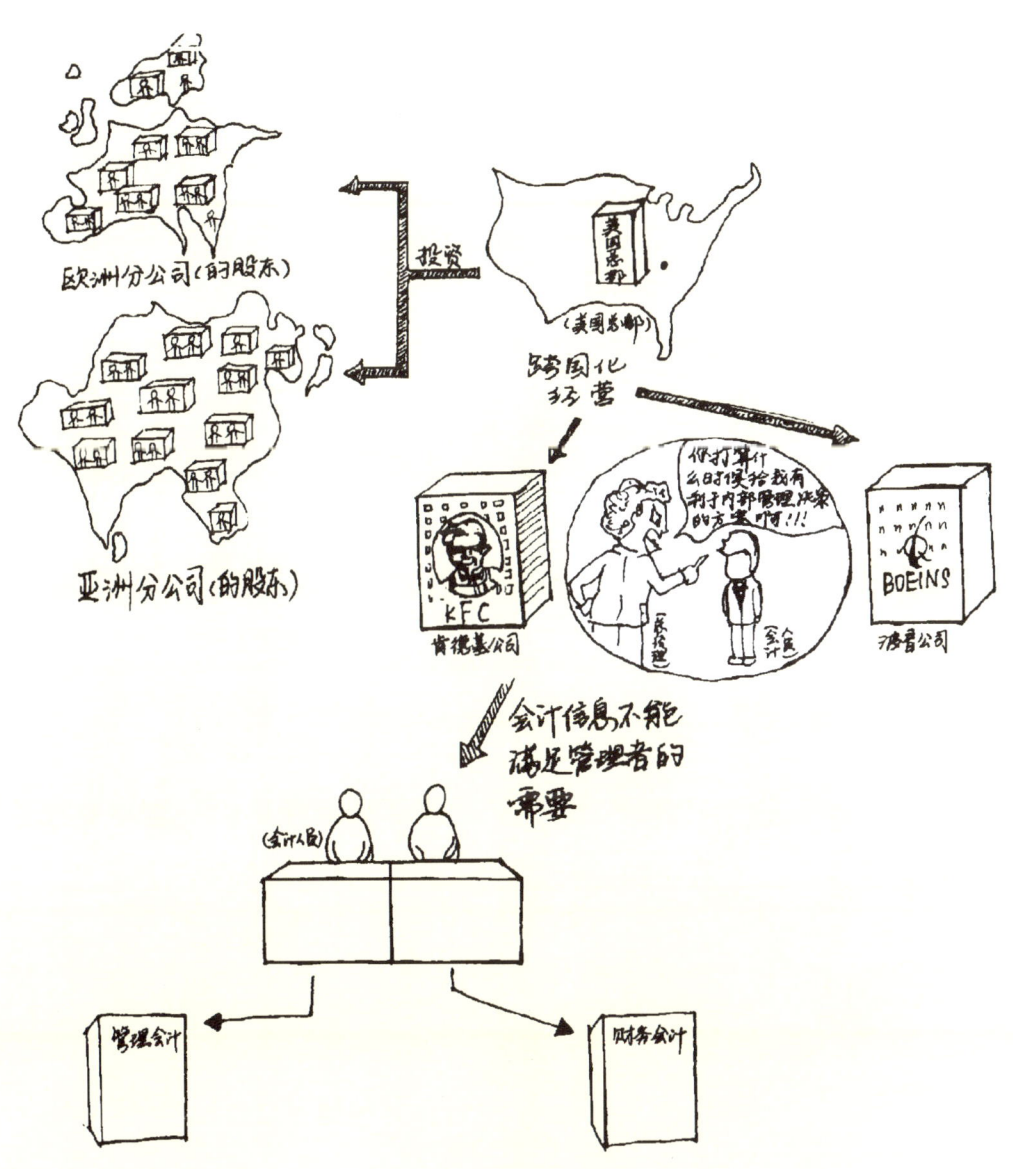

财务会计主要是对外提供信息

管理会计主要是对内部管理人员提供信息

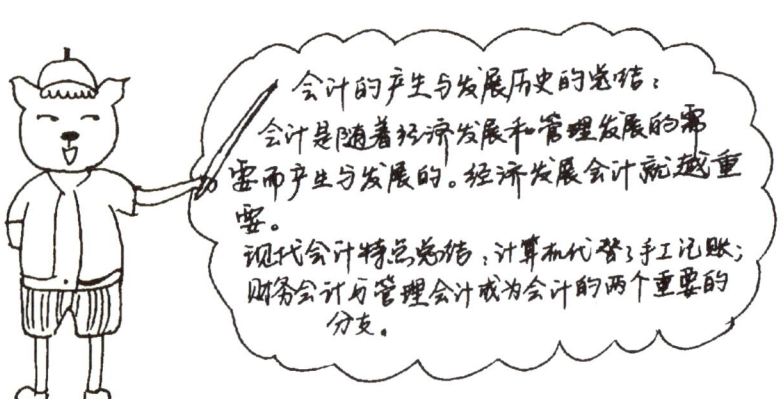

第二场 会计及相关概念

一、会计的概念

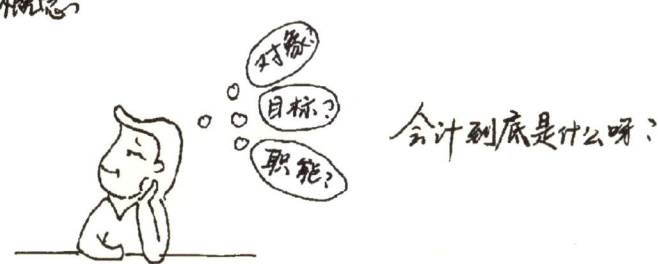

会计到底是什么呀?

二、会计的对象

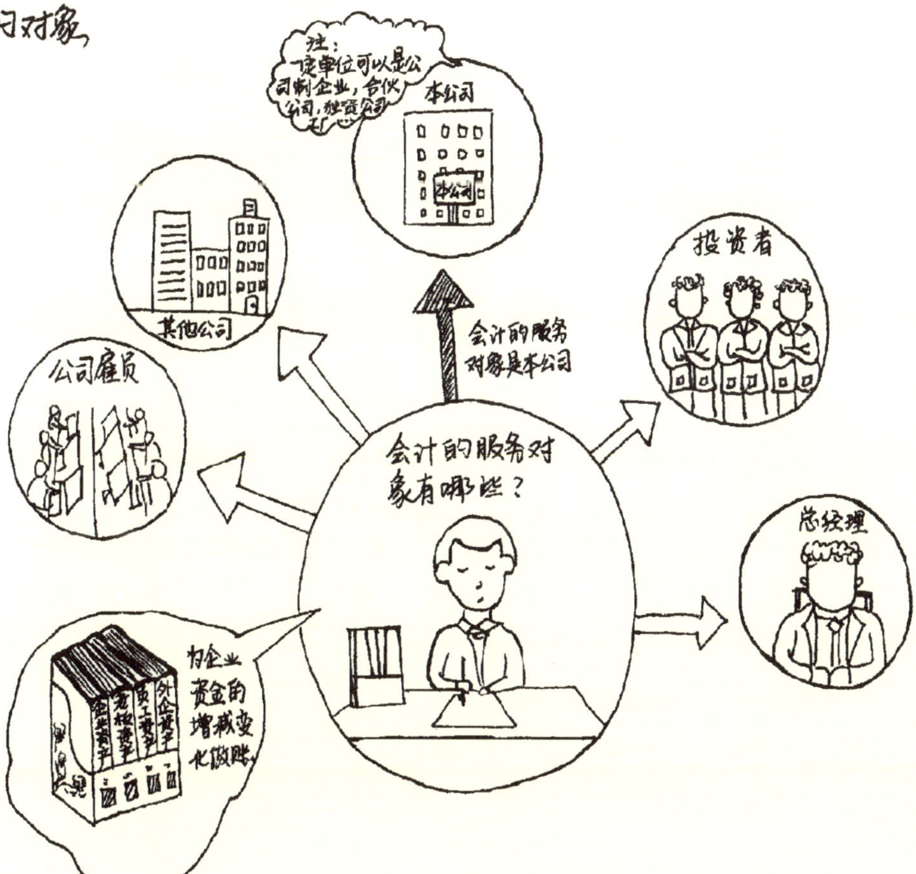

由于人们对会计理论与实践的认识角度不同,对会计概念有不同的认知,目前比较流行的观点是管理活动论和信息系统论。

所谓会计的对象是指会计工作的客体,即会计反映与监督的具体内容。

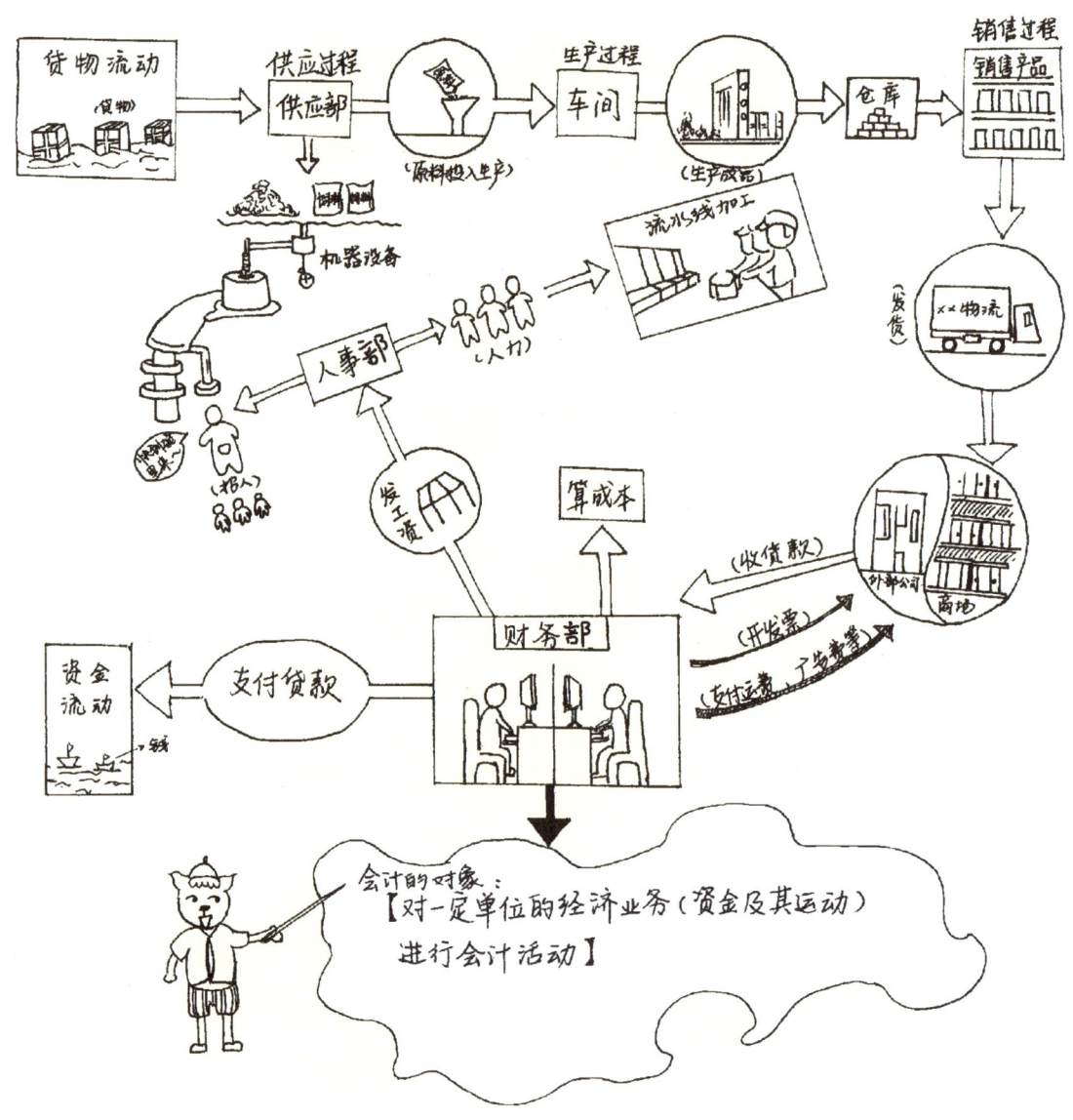

三、会计职能

所谓职能是事物本身所具有的功能，是事物本质的表现。

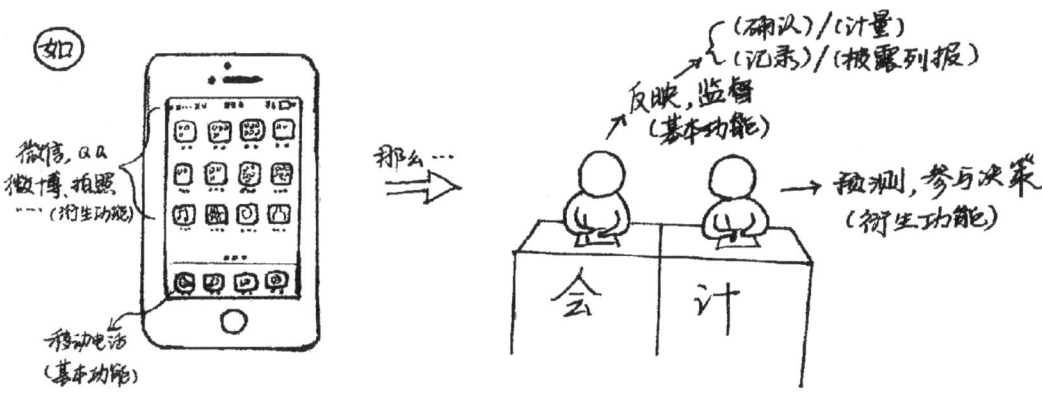

1. 反映的职能

会计反映的职能是指通过确认、计量、记录与报告等程序与方法，反映客观的经济活动或资金活动或资金运动的情况，以提供财务及其他相关的经济信息。

〔第一步〕会计确认

会计确认是指根据一定的判断标准，在经济业务发生或完成后，判断该业务进入会计信息系统的时间，具体的项目及报告体系。

① 确认记入本期还是以后各期（时间）。
② 确认记入什么项目（如：现金、应付款）。

〔第二步〕会计计量

① 计量尺度 { a. 实物量度
              b. 时间量度（一个课时/工时）
              c. 货币量度

会计计量包括计量尺度及计量属性的选择。计量尺度是采用实物量度、时间量度还是货币量度。计量属性是指用的价值标准，可以是历史成本、重置成本、现值、公允价值等。

② 计量属性 { a. 买价/成本价
              b. 卖价/公允价值

〔第三步〕记录过程

会计记录是在会计确认、计量工作的基础上，运用一定的方法，对会计的对象。企业的资金及运动进行分类、汇总、加工处理以形成有用的会计信息。

① 采用方法
② 设置账户
③ 复式记账法

第四步 披露列报

会计披露是指会计信息的公布。会计报告通常是指由财务报表、报表附注及其他分析报告所组成的信息报告。

① 报表
② 列报
③ 其他信息

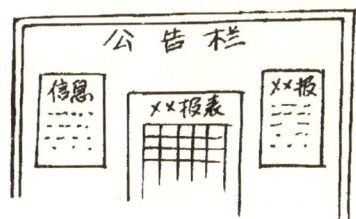

2. 监督的职能

会计监督是以法律法规、会计准则、会计制度及企业的财物计划为基础的监督。
包括事前、事中与事后监督。

(a) 事前监督

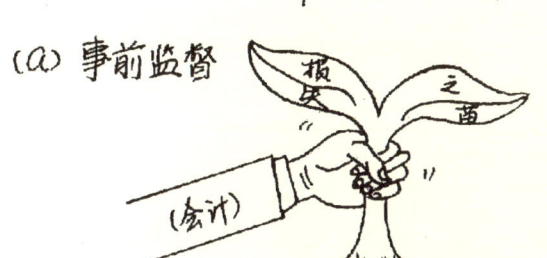

(经济业务发生之前的监督，最节约的监督，使损失降到最低)

(b) 事中监督

(经济业务发生过程中的监督)

（C）事后监督

建议改进

（经济业务发生后，对有效内容进行分析，止损）

3. 衍生的职能

（以前，作预测和决策都是总经理的事情）

（现在，总经理借助会计师、律师、工程师的专业知识，让他们参与预测和决策，同时他们的地位也提高了。）

四、会计目标

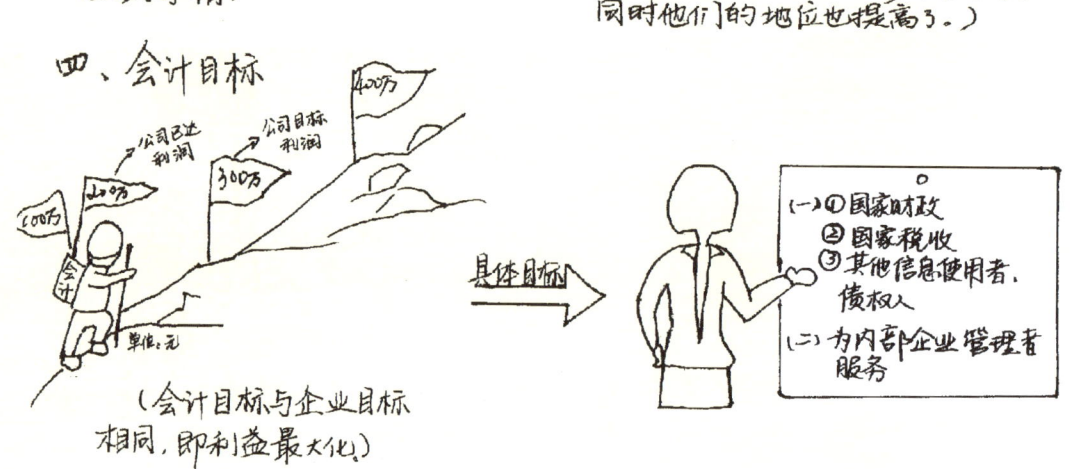

（会计目标与企业目标相同，即利益最大化。）

第三场 会计机构与会计组织

一、会计机构

会计机构是指从事和组织领导会计工作的职能部门。包括政府会计管理机构与单位组织会计机构。

(一) 政府会计管理机构

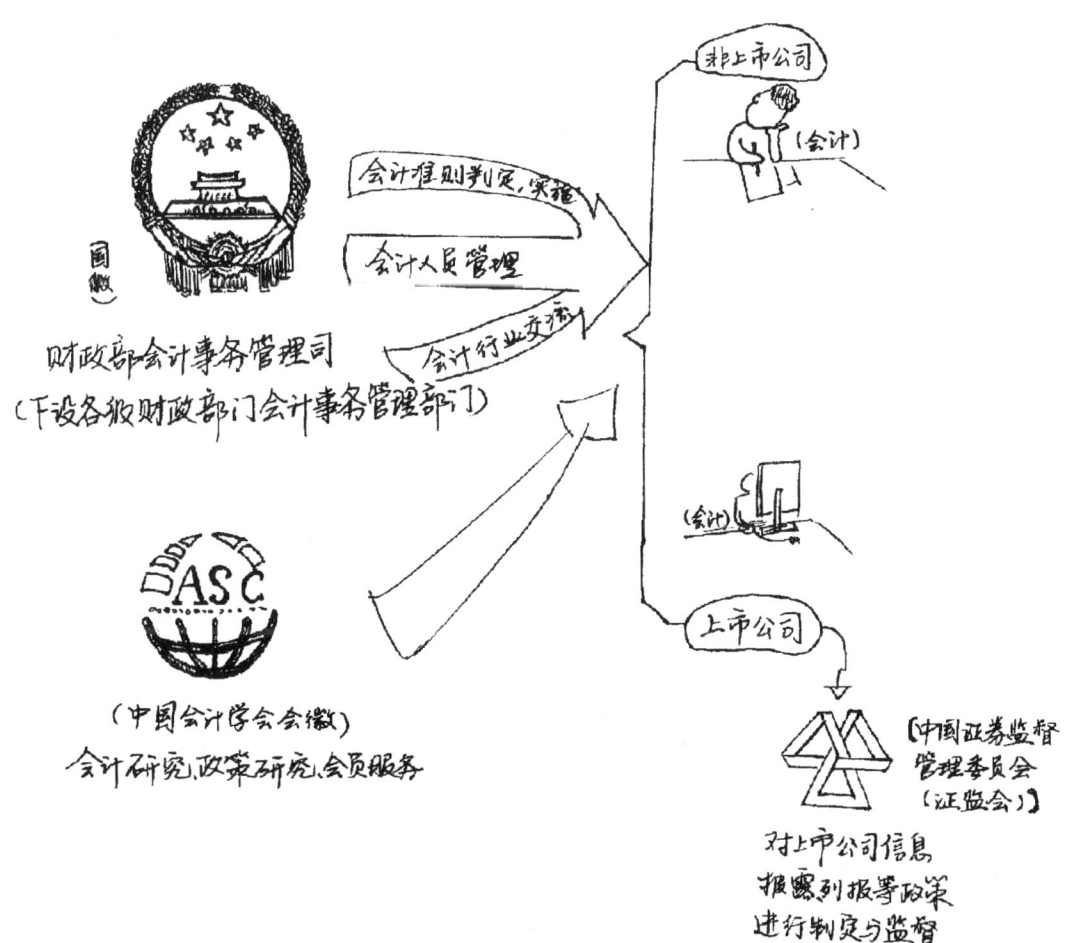

（二）会计机构

高层：财务总监（总会计师）
⇓
中层：财务科长
⇓
基层：

按照我国《会计法》第36条规定："各单位应当根据会计业务的需要，设置会计机构，或者在有关部门机构中设置会计人员并指定会计主管人员，不具备设置条件的，应当委托批准设立从事会计代理记账业务的中介机构代理记账。"

二、会计工作（组织）

会计工作是指会计工作的主要内容

三、会计职业

会计职业主要指会计人员的职业生涯，包括从事会计工作的性质、职称及执业证书等。

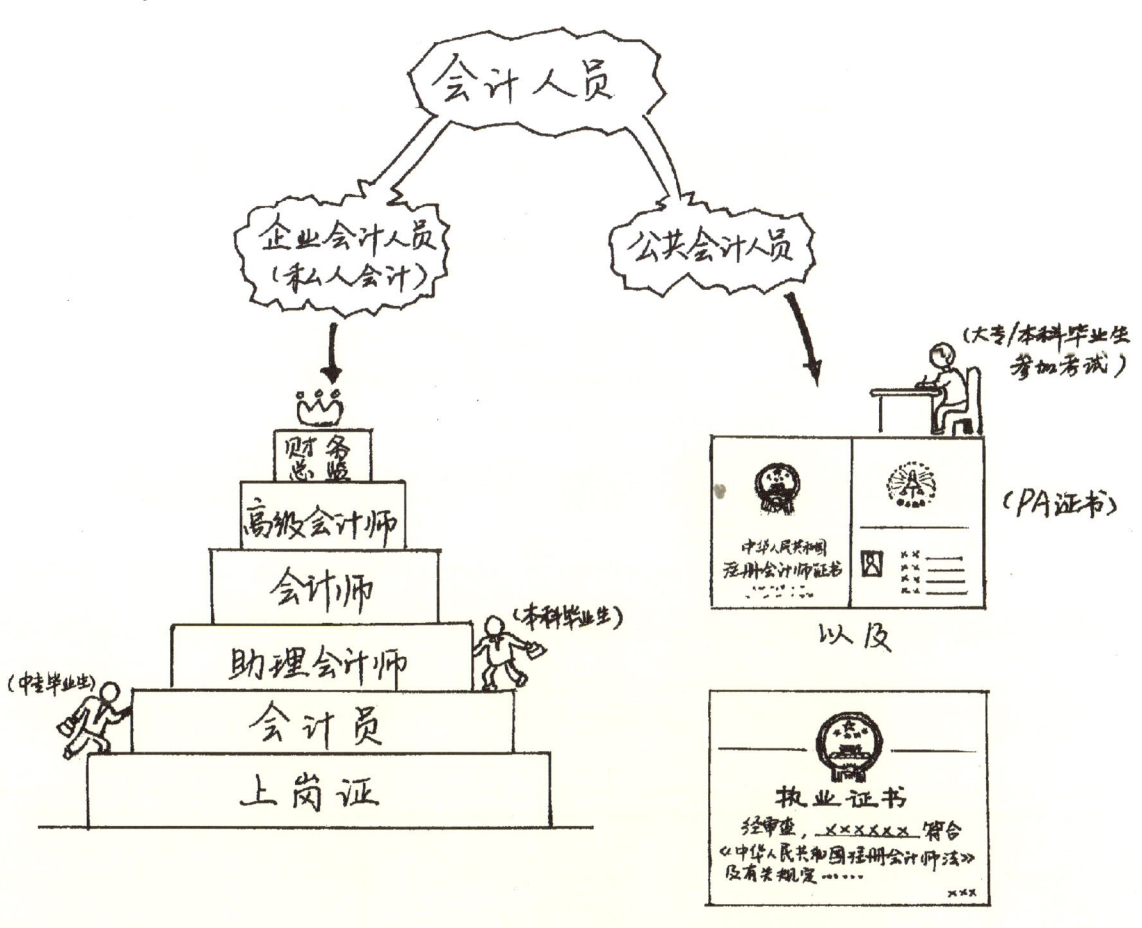

第二幕 会计是个技术活

第一场 会计要素与会计等式

一、会计要素：是对会计对象进行的基本分类

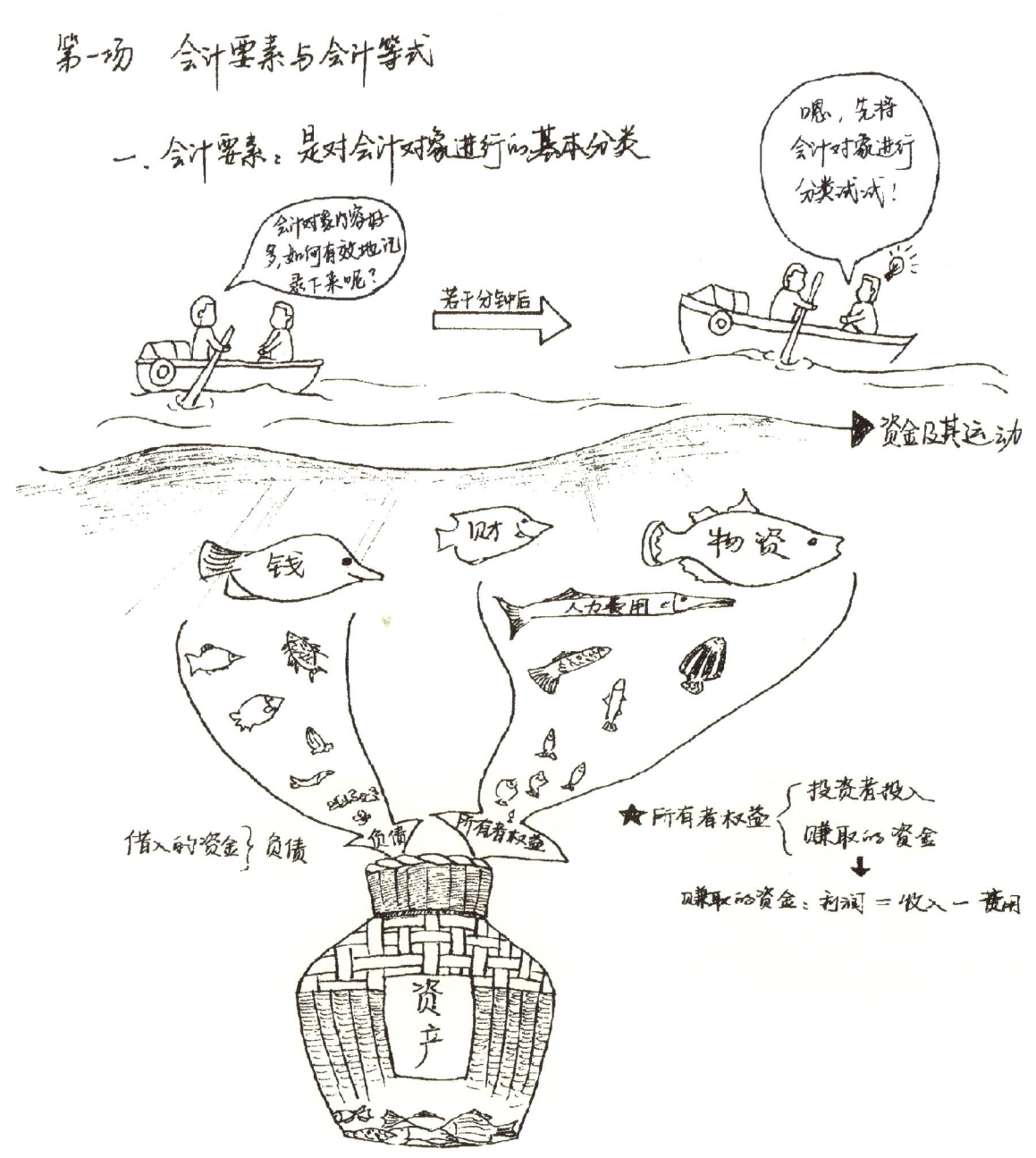

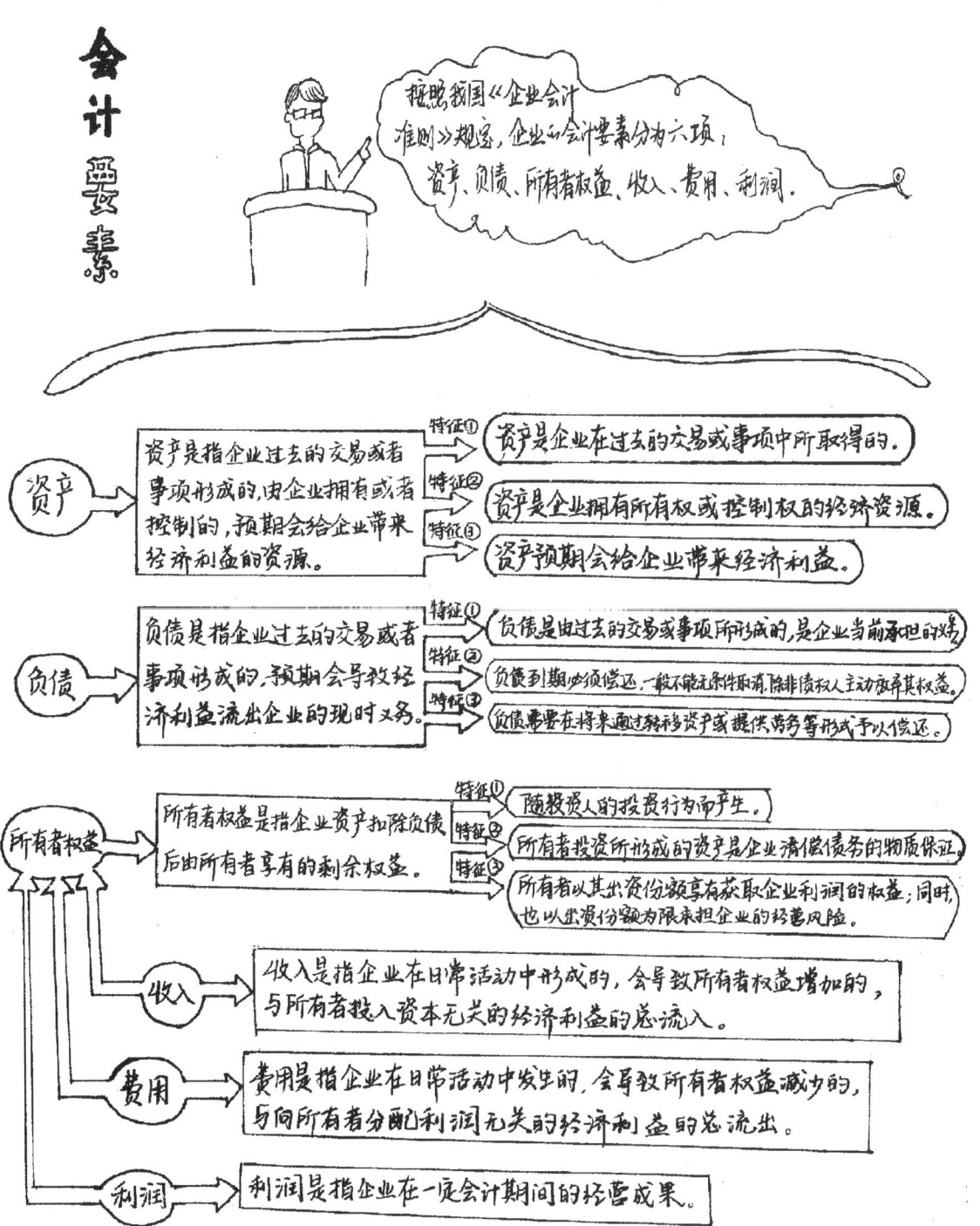

因此就有了以下的会计等式

资产 ＝ 负债 ＋ 所有者权益（收入 － 费用 ＝ 利润）

二、会计等式及会计事项对会计等式的影响

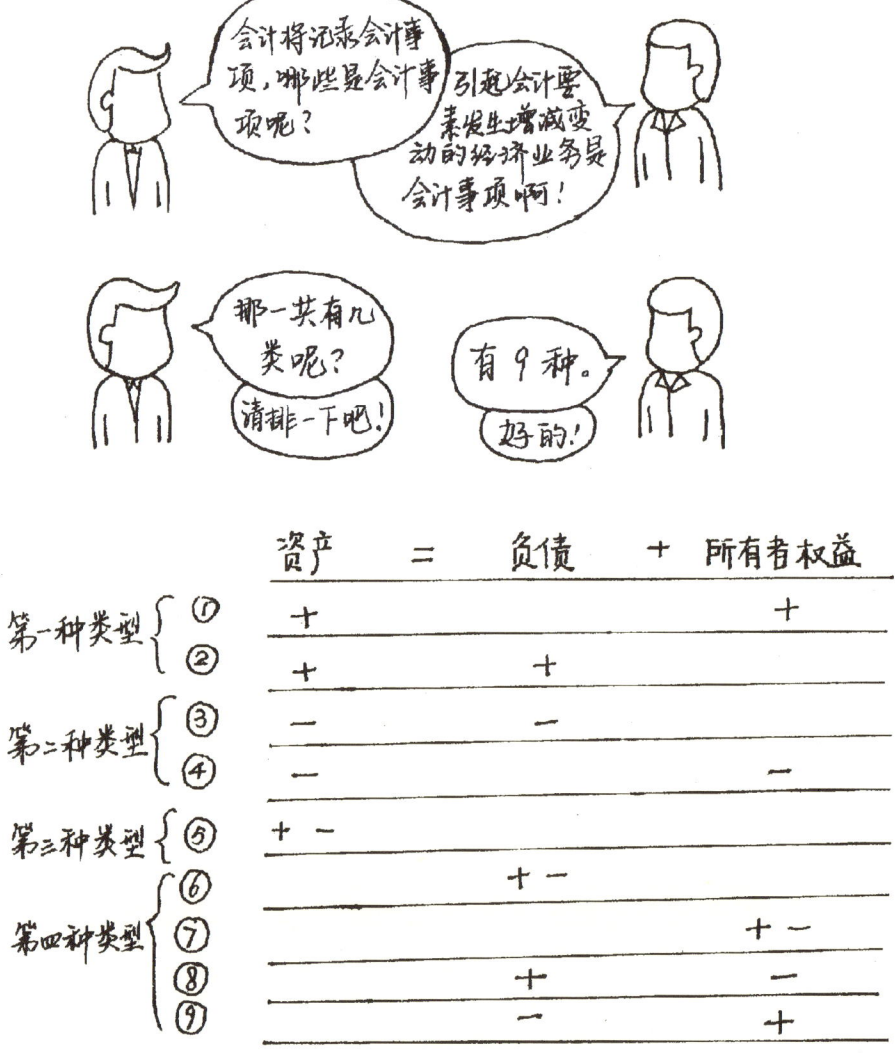

企业资金

存在形态　　　　　　　　　　来源形态
资产　　=　　负债　　+　　所有者权益

① 投资者将现金投入企业

② 企业从银行借款

③ 企业用现金买原材料

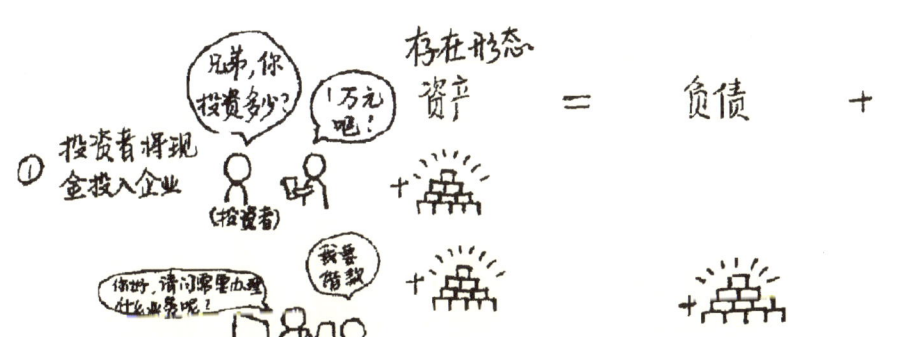

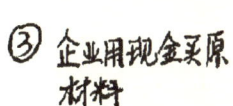
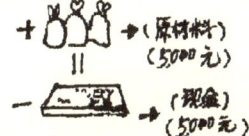
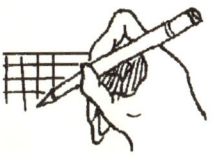

（注：🧱 = 钱）

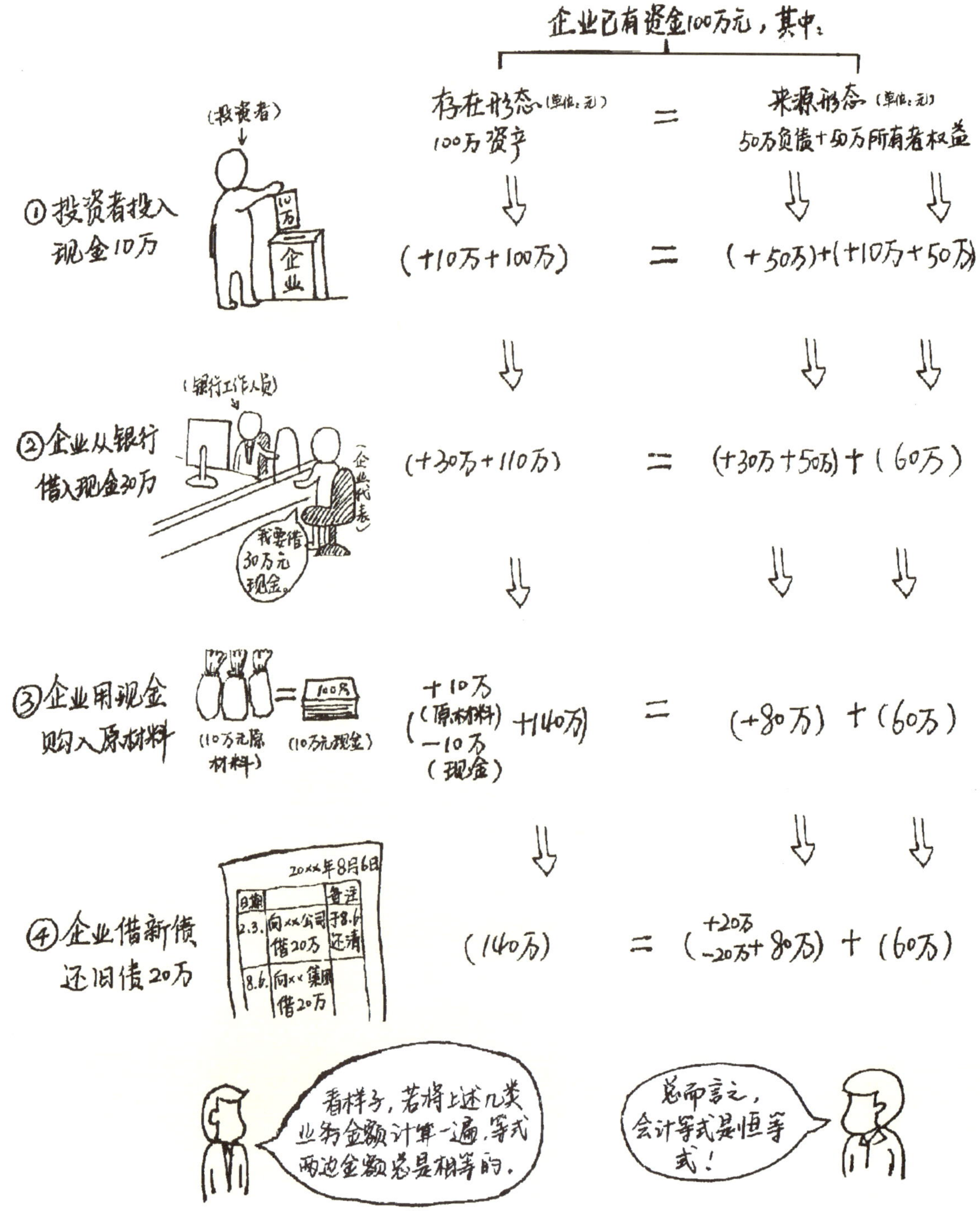

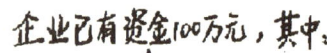

企业已有资金100万元,其中:

存在形态(单位:元)	=	来源形态(单位:元)
100万资产		50万负债+50万所有者权益

① 投资者投入现金10万

(+10万+100万) = (+50万)+(+10万+50万)

② 企业从银行借入现金30万

(+30万+110万) = (+30万+50万)+(60万)

③ 企业用现金购入原材料

+10万(原材料)+140万－10万(现金) = (+80万)+(60万)

④ 企业借新债还旧债20万

(140万) = (+20万－20万+80万)+(60万)

看样子,若将上述几类业务金额计算一遍,等式两边金额总是相等的。

总而言之,会计等式是恒等式!

第二场 会计科目与账户

一、会计科目

量利用（资产 = 负债 + 所有者权益） 会计等式记账

期初	100万 =	50万	+	50万 （单位:元）
例①	(+10万) =			(+10万)
例②	(+30万) =	(+30万)		
例③	(+10万 / -10万) =	(80万)	+	(60万)
例④	(140万) =	(+20万 / -20万 +80万)	+	(60万)

 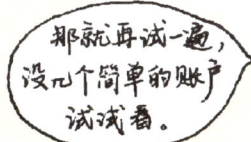 

资产 = 负债 + 所有者权益

库存现金		短期借款		实收资本	
期末余额 100万	③ 10万	④ -20万	期初余额 50万+30万+		期初余额 50万+
+ ① 10万			期末余额 60万		① 10万
② 30万	—				期末余额 60万

37

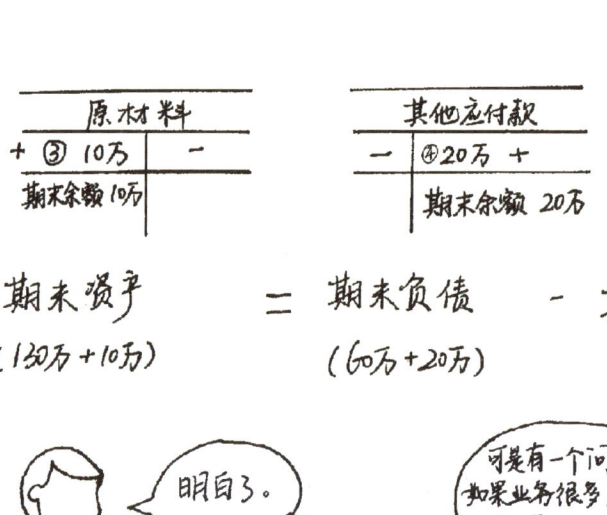

期末资产 = 期末负债 + 期末所有者权益 (单位:元)
(130万+10万)　(60万+20万)　(60万)

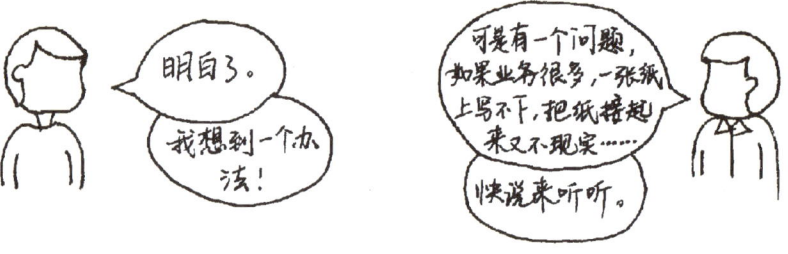

把 库存现金/期初余额 格式

改成：

库存现金 总分类账

然后将这些账页装订成册，再加上封面，就变成账本了。

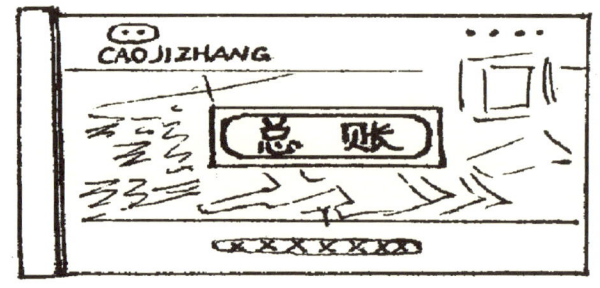

因此，我们来归纳一下：

(一) 会计科目的含义　　会计科目是对会计要素的具体内容进一步分类核算的项目。

(二) 会计科目的分类

1. 按照反映的经济内容分类可以分为资产类、负债类、所有者权益类、共同类、成本类、损益类。

★注：

资产类会计科目主要有：
库存现金、银行存款、交易性金融资产、应收票据、应收账款、应收利息、材料采购、在途物资、原材料、库存商品、固定资产、累计折旧、无形资产、长期待摊费用等。

负债类会计科目主要有：
短期借款、应付票据、应付账款、预收账款、应付职工薪酬、应交税费、应付利息、应付股利、其他应付款、长期借款等。

> 所有者权益会计科目主要有：
> 　　实收资本、资本公积、盈余公积、本年利润、利润分配等。

> 收入费用类（损益类）会计科目主要有：
> 　　主营业务收入、其他业务收入、汇兑损益、投资收益、营业外收入、公允价值变动损益、主营业务成本、其他业务成本、营业税金及附加、销售费用、管理费用、财务费用、营业外支出、所得税费用、资产减值损失等。

2. 按所提供的详细程度分类

可以分为总分类科目和明细分类科目。

　① 总分类科目：是对某一会计要素具体内容进行分类而形成的项目。
　　（又称一级科目）
　② 明细分类科目：是对总分类科目的详细分类。
　　（又称二级或三级科目）

如原材料是总分类科目，A材料就是原材料的明细科目。

二、账户

（一）账户的意义

　　账户是根据会计科目开设的，具有一定的结构和格式，用来连续、系统、分类记录和反映各会计要素具体内容增减变动情况的一种专门工具。

（二）账户的格式

（简单为）"T"字式
或称"T"字形格式。

账户名称 _____

正规格式：

账户名称 _____

年月日	摘要	增加	减少	余额

> 对于"T"字式账户，为区别不同的账户性质，结构设置通常分别为：

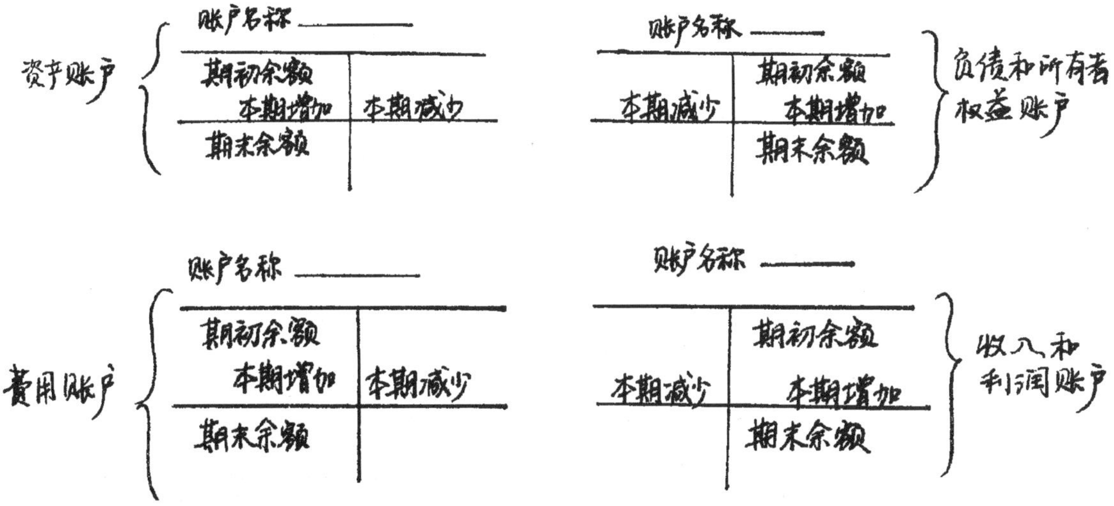

资产账户
账户名称	
期初余额	本期减少
本期增加	
期末余额	

负债和所有者权益账户
账户名称	
本期减少	期初余额
	本期增加
	期末余额

费用账户
账户名称	
期初余额	本期减少
本期增加	
期末余额	

收入和利润账户
账户名称	
本期减少	期初余额
	本期增加
	期末余额

账户内容项目的计算公式为：

期末余额 = 期初余额 + 本期增加（发生额）- 本期减少（发生额）

第三场 复式记账法

一、记账方法

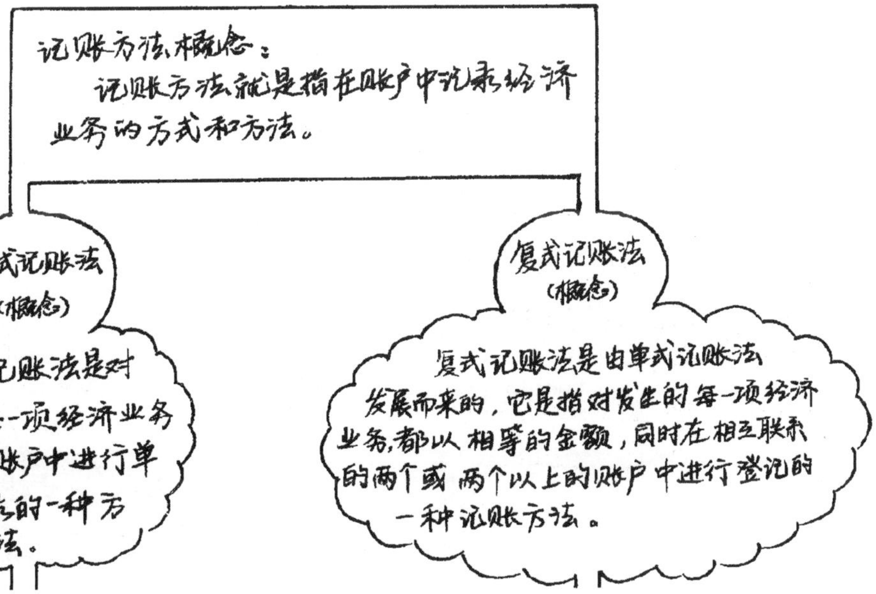

记账方法概念：
记账方法就是指在账户中记录经济业务的方式和方法。

单式记账法（概念）
单式记账法是对发生的每一项经济业务只在一个账户中进行单方面记录的一种方法。

复式记账法（概念）
复式记账法是由单式记账法发展而来的，它是指对发生的每一项经济业务，都以相等的金额，同时在相互联系的两个或两个以上的账户中进行登记的一种记账方法。

41

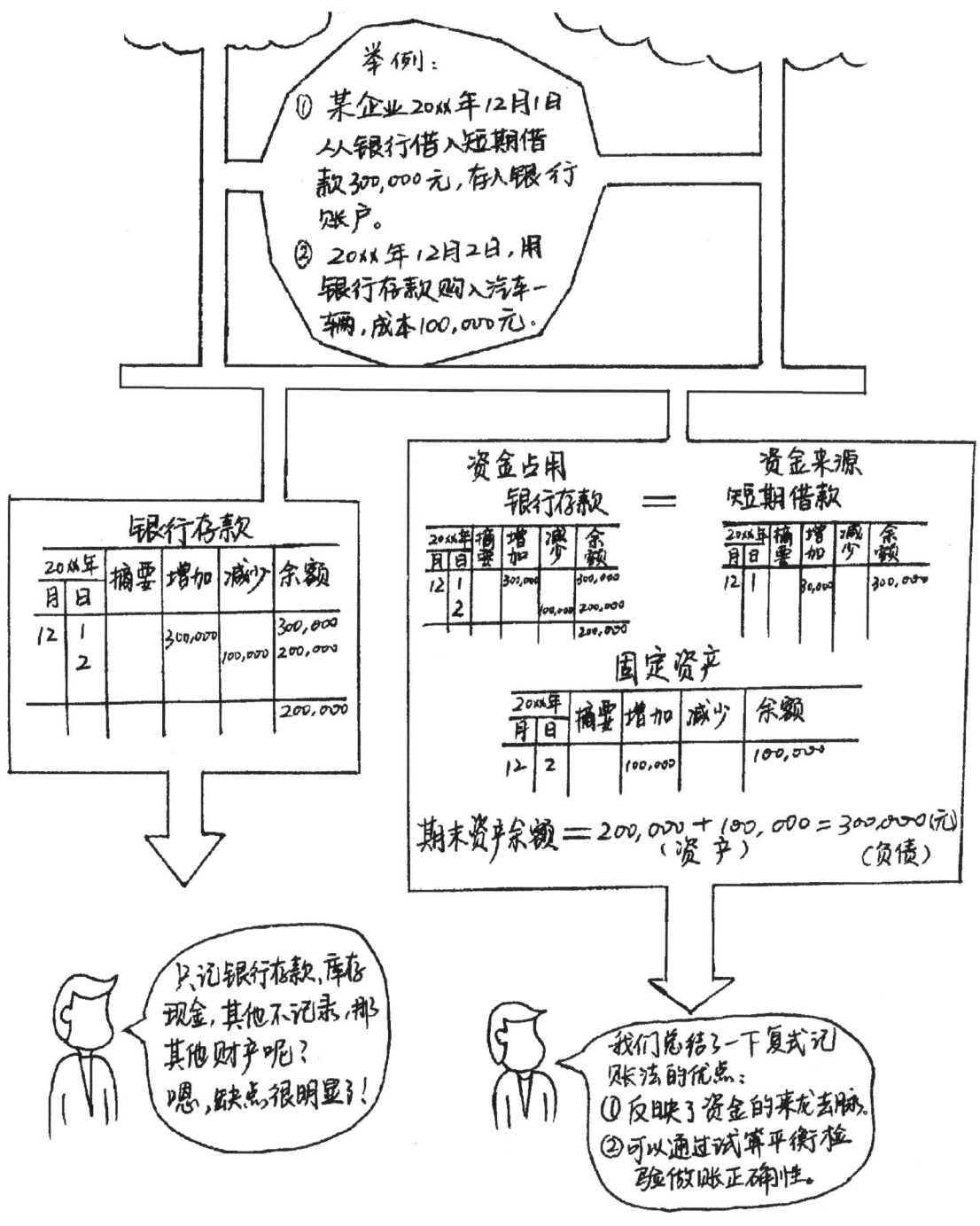

二、复式记账种类

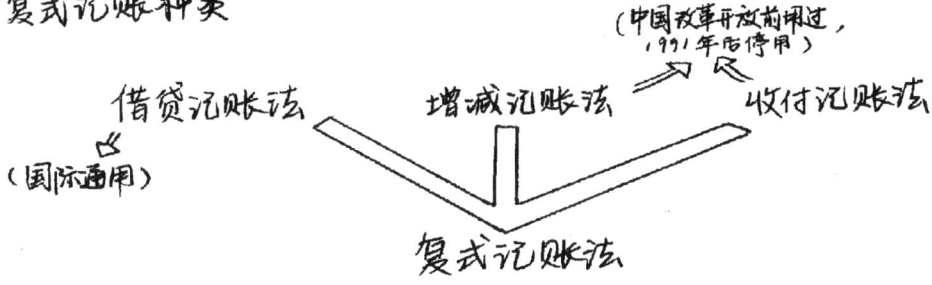

三、借贷记账法

借贷记账法的意义：借贷记账法是以"借"和"贷"为记账符号替代增减符号，以会计恒等式为理论依据，对每一项经济业务都以借贷相等的金额同时在两个或两个以上相互联系的账户中进行登记的一种复式记账法。

借贷记账法的特点：记账符号 $\begin{cases} 借（Debit） \\ 贷（Credit） \end{cases}$

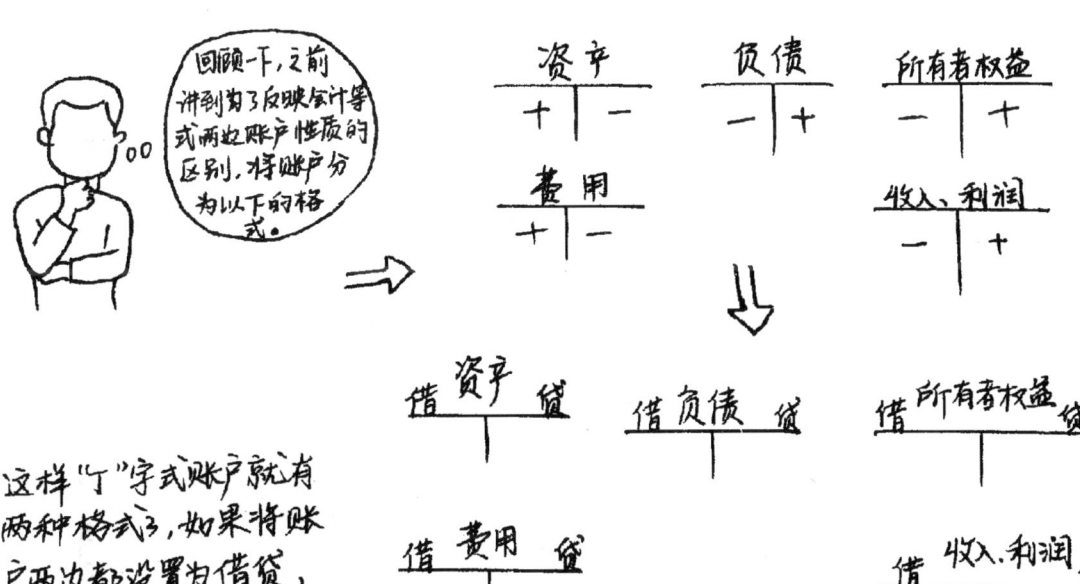

这样"丁"字式账户就有两种格式了，如果将账户两边都设置为借贷，

借表示 { 资产、费用的增加
　　　　 负债、所有者权益(收入、利润)的减少

贷表示 { 资产、费用的减少
　　　　 负债、所有者权益(收入、利润)的增加

→ 于是，所有"丁"字式账户格式都一样了。

| 左借 | 右贷 |

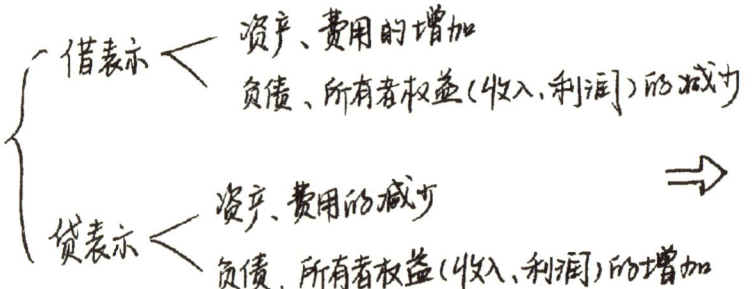

那我们用几种业务类型来记账试试。

印刷账户的人也笑了

↓ 假设 ××公司是20××年11月30日成立的一家新公司，成立时投资者共投入资本金 500,000元，并存入银行账户，到12月1日，企业只有两个账户中有期初余额，12月中，又发生了以下经济业务。

① 收到原投资者追加投资 200,000元并存入企业银行账户。

$$资产 = 负债 + 所有者权益$$
　+(借)　　　　　　　　　+(贷)
　　↑

先判断一下

这就是为提高记账的准确性，先做的会计分录啊！

会计分录

借：银行存款 200,000
贷：实收资本 200,000
→ 将业务①会计分录的内容登记到(1002)和(4001)号账户

会计分录定义：
所谓会计分录，就是指对每笔经济业务确定其应借、应贷的账户名称及其金额的一种记录。

借 银行存款 贷 (1002)	
期初余额 500,000	③ 5,000
① 200,000	④ 100,000
	⑤ 50,000
本期发生额合计：200,000	本期发生额合计：155,000
期末余额：545,000	

借 实收资本 贷 (4001)	
④ 100,000	期初余额 500,000
⑦ 100,000	① 200,000
⑧ 50,000	⑦ 100,000
	⑨ 90,000
本期发生额合计：250,000	本期发生额合计：390,000
	期末余额：640,000

借 原材料 贷 (1403)	
② 100,000	
本期发生额合计：100,000	本期发生额合计：0
期末余额：100,000	

借 应付账款 贷 (2202)	
③ 5,000	② 100,000
⑥ 5,000	
⑨ 90,000	
本期发生额合计：100,000	本期发生额合计：100,000
	期末余额：0

接下来，根据审核无误的分录登记账户就方便多了。

② 购入原材料一批，价款为100,000元，款项暂欠。

先判断一下
资产 ＝ 负债 ＋ 所有者权益
＋(借)　　　＋(贷)

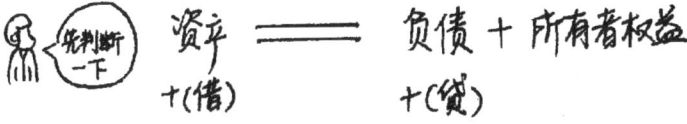

→ 将业务②会计分录的内容登记到(1403)和(2202)号账户

③ 以银行存款支付前欠货款 5,000 元。

先判断一下 资产 ＝ 负债 ＋ 所有者权益
　　　　　 －(贷)　 －(借)

借、应付账款　5,000　} ⇒ 将业务③会计分录的内容登记到
贷、银行存款　5,000　　　(2202)和(1002)号账户。

④ 某投资者决定收回前期投资额 100,000 元，已经工商部门批准，公司用银行存款支付。

判断一下 资产 ＝ 负债 ＋ 所有者权益
　　　　 －(贷)　　　　 －(借)

借、实收资本　100,000　} ⇒ 将业务④会计分录内容登记到(4001)
贷、银行存款　100,000　　　和(1002)号账户。

⑤ 购入设备一台，价款 50,000 元，已用银行存款支付。

将业务⑤会计分录内容登记到(1601)和(1002)号账户。

判断一下 资产 ＝ 负债 ＋ 所有者权益
　　　　 ＋(借)
　　　　 －(贷)

借、固定资产　50,000
贷、银行存款　50,000

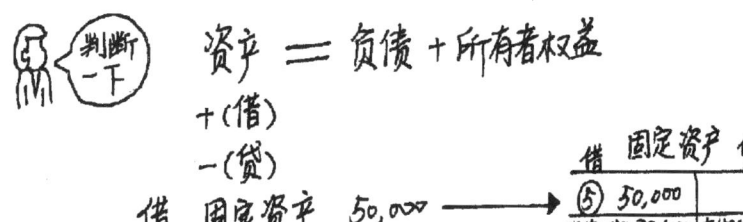

⑥ 向银行申请短期借款 5,000 元，用于支付前欠货款。

判断一下 资产 ＝ 负债 ＋ 所有者权益
　　　　　　　　＋(贷)
　　　　　　　　－(借)

借、应付账款　5,000　} ⇒ 将业务⑥会计分录内容登
贷、短期借款　5,000　　　记到(2202)和(1402)号账户。

⑦ 按照法定秩序，投资者A将股本100,000元转给投资者B。

 判断一下

资产 ＝ 负债 ＋ 所有者权益
　　　　　　　　＋(贷) －(借)

借：实收资本－A　　100,000
贷：实收资本－B　　100,000

⇒ 将⑦号业务的借方和贷方都登记到(4001)号账户。

⑧ 按照法定秩序，将部分股本50,000元，转为债权。

 判断一下

资产 ＝ 负债 ＋ 所有者权益
　　　　＋(贷)　　－(借)

借：实收资本　　50,000
贷：长期借款　　50,000　　⟶

借　长期借款　贷 (2501)
　　　　　　　⑧ 50,000

⇒ 将业务⑧会计分录内容登记到(4001)和(2501)号账户。

⑨ 本公司所欠某公司应付账款90,000元，经双方协商，转作该公司对本公司的投资额，有关手续已办妥。

判断一下

资产 ＝ 负债 ＋ 所有者权益
　　　　－(借)　＋(贷)

借：应付账款　　90,000
贷：实收资本　　90,000

⇒ 将业务⑨会计分录内容登记到(2202)和(4001)号账户。

让我们来总结一下：
① 9大类型的业务做完后，发现以下规律
　有借必有贷，且借贷金额一定是相等的，所以以后确定一边是借，另一边一定是贷了！
　记账规则：有借必有贷，借贷必相等。
② 将所有账户的期初发生额，期末余额结算出来填入以下表格。

总分类账户本期发生额及余额试算平衡表
20××年12月31日
单位：元

账户名称	期初余额		本期发生额合计		期末余额	
	借方	贷方	借方	贷方	借方	贷方
银行存款	500,000		200,000	155,000	545,000	
原材料	0		100,000	0	100,000	
固定资产	0		50,000	0	50,000	
应付账款		0	100,000	100,000		0
短期借款		0	0	5,000		5,000
长期借款		0	0	50,000		50,000
实收资本		500,000	250,000	390,000		640,000
合计	500,000	500,000	700,000	700,000	695,000	695,000

用会计等式表示，期末12月31日公司账户余额为：

资产　＝　负债　＋　所有者权益

银行存款 545,000　　长期借款 50,000　　实收资本 640,000
原材料 100,000　　　短期借款 5,000
固定资产 50,000

合计 695,000（元）　　　　695,000（元）

可以得出以下试算平衡公式 ——"发生额平衡公式"：

全部账户的借方发生额合计 ＝ 全部账户的贷方发生额合计

——"余额试算平衡公式"：

全部账户借方期末余额合计 ＝ 全部账户贷方期末余额合计

好神奇啊！做账好像并不难哦！

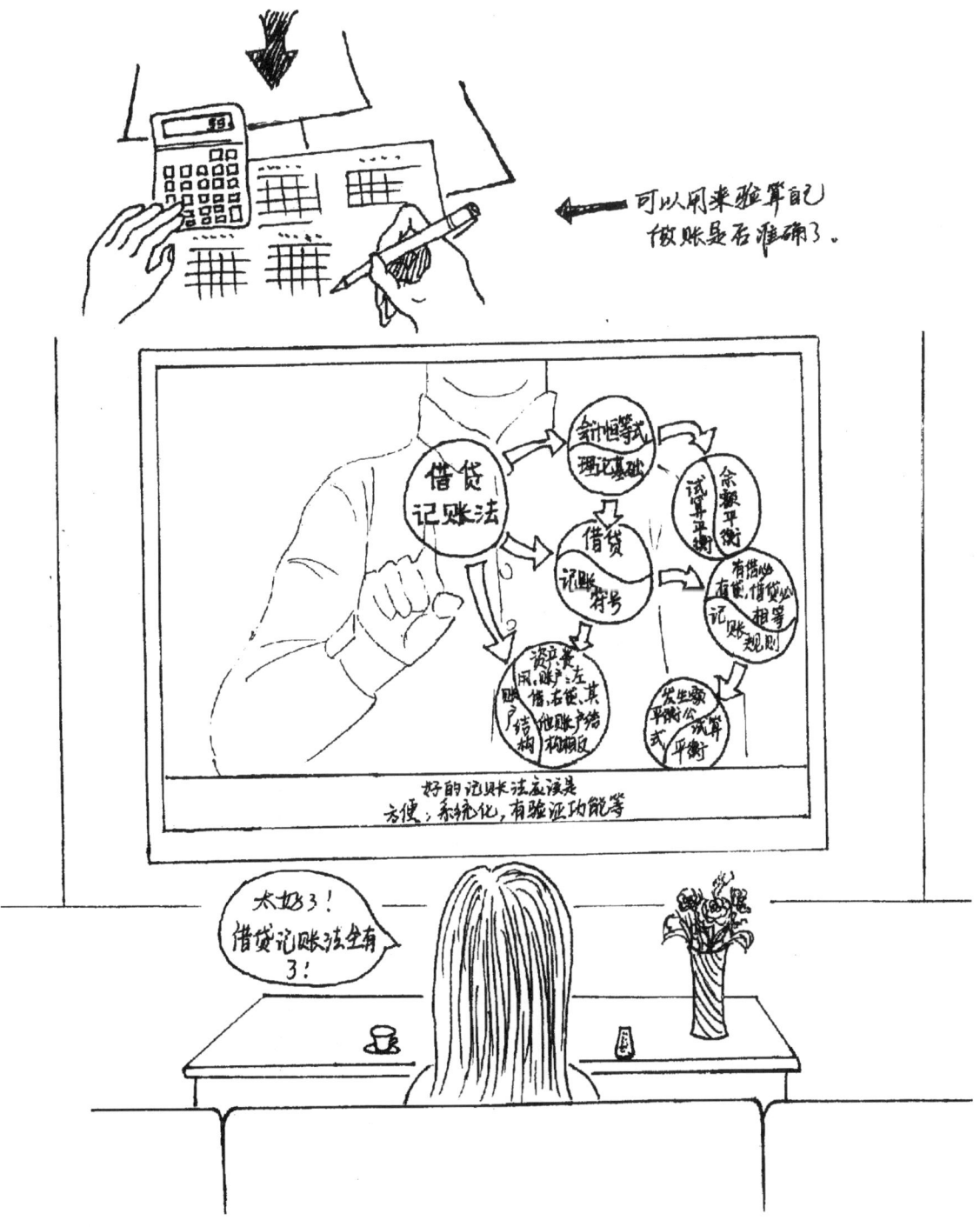

第三幕 职场练手初体验
—— 以制造业企业的主要业务为例

商业企业与工业企业经营活动的特点是有所不同的，其中：

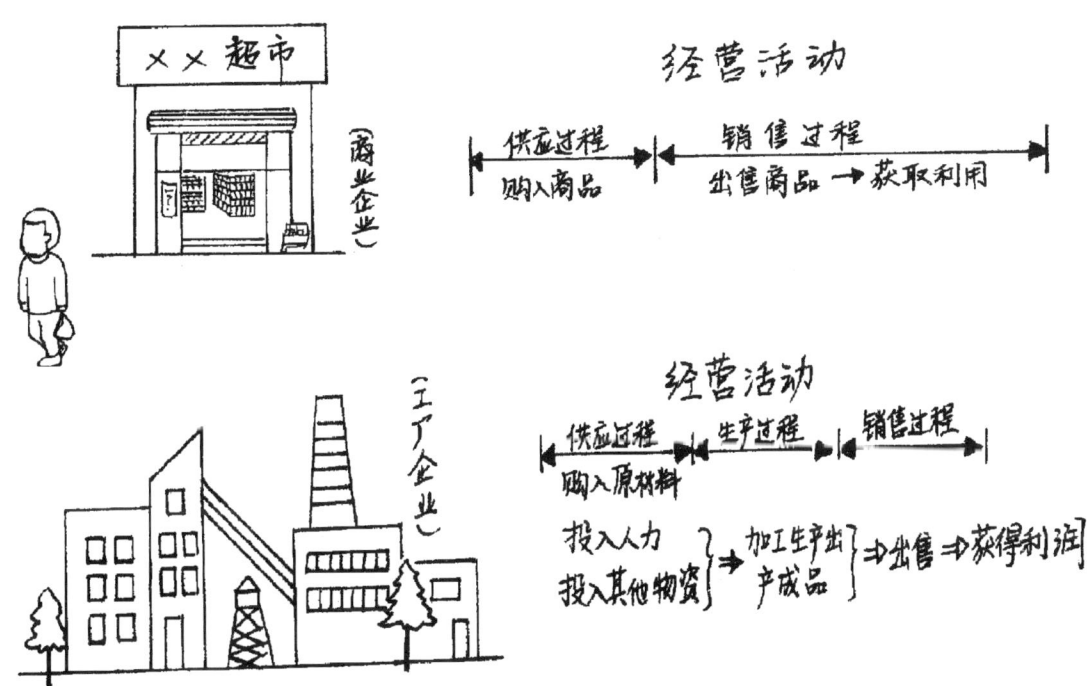

（由于工厂企业更复杂、全面化，所以以下选制造业企业为例）

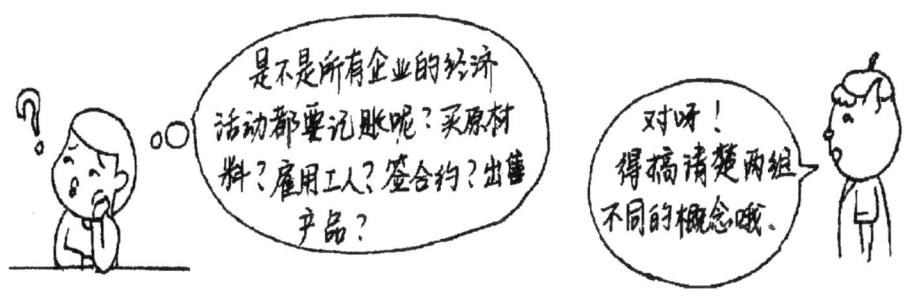

第一场 会计核算基础与制造业企业的主要业务

一、经济活动与会计事项

企业在日常的经营过程中所发生的活动，都称为经济活动。

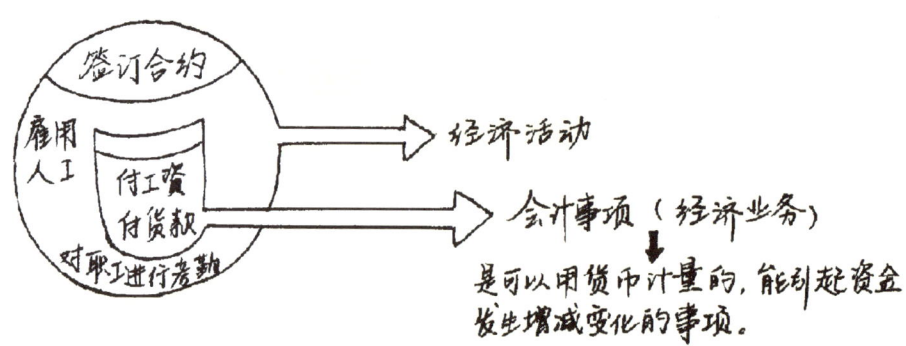

而会计只记录会计事项的。

二、会计核算基础

在记账工作时，_____，通常要按月进行总结，计算每月的收入、费用、利润及资产、负债、所有者权益的金额。

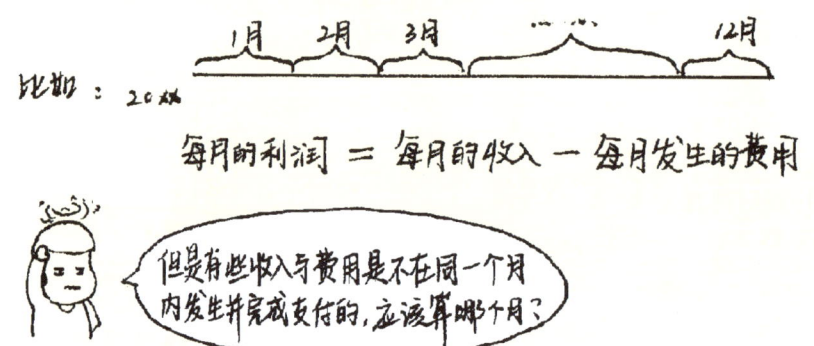

比期：20xx

每月的利润 = 每月的收入 — 每月发生的费用

但是有些收入与费用是不在同一个月内发生并完成支付的，应该算哪个月？

举个例子吧：

① 20XX年12月22日，对外赊销商品200件，单价4000元/件，商品已发出但货款要在下一年1月10日才能收到。

② 20XX年12月23日，为企业仓库购买下一年度的财产保险，共20,000元，保险费已从银行支付。

1. 权责发生制

是以款项的应收应付为标准来确认收入和费用的一种会计处理基础。

（基于此基础）

① 12月22日的业务，企业已发出商品，获得了收取货款的权利。因此，在当日应确认收入，其会计分录为：

借：应收账款　　800,000
　贷：主营业务收入　800,000

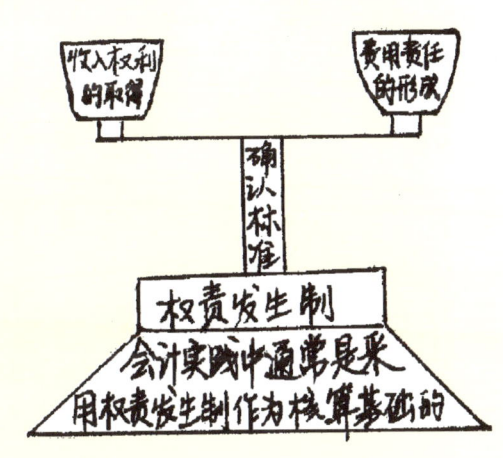

② 12月23日，为下年度购买财产保险而支付保险费，是付款在先（12月），得到保险好处在下年度。因此，本月不能确定为费用，应该理解为预付账款。

其会计分录为：

借：预付账款　20,000
　贷：银行存款　20,000

2、收付实现制

是按照款项的实际支付和收入现金确认本期收入与费用的一种会计处理基础。

（基于此基础）

① 12月22日业务，企业已发出商品，获得了收取货款的权利，但未收现，不能在本月确认为收入。

无会计分录

② 12月23日业务，尽管为下年度购买财产保险，但是是12月23日付现的，则以收付实现制为基础，就应当确定费用。其会计分录为：

借：管理费用　20,000
　贷：银行存款　20,000

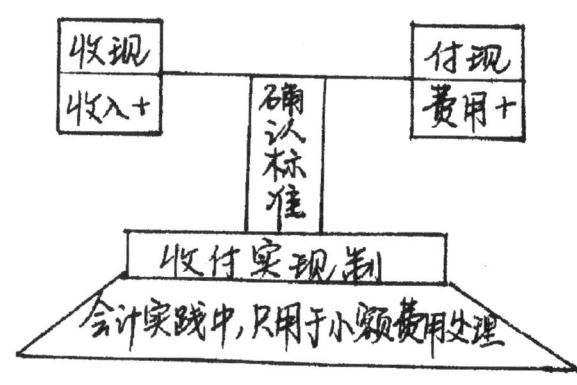

我国《企业会计准则》规定："会计核算应当以权责发生制为基础。"

会计准则

三、制造业企业的主要会计业务

对于初学者来说，我们得从企业资金的筹集说起。

第二场 资金筹集的核算

一、资金的筹集

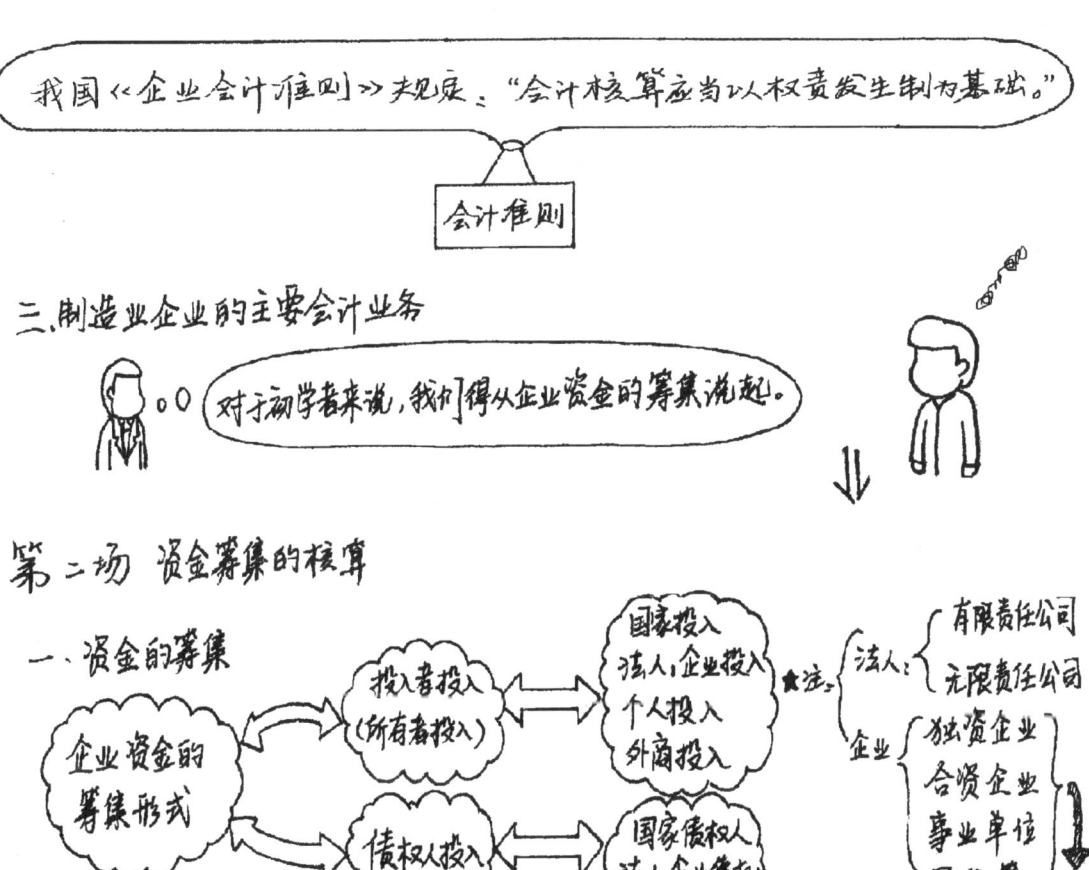

(一) 所有者投入资本的核算

由于所有者投入资本，可以是现金、银行存款，也可以是以物资的形式。若以"资产＝负债＋所有者权益"会计等式为理论基础，那么资金投入一方面会引起企业资产增加；另一方面所有者权益增加。

具体有哪些投入呢？会涉及哪些账户内容的增减变化？

人 所有者投入资本核算的账户
  ① 库存现金：包括人民币现金和外币现金。
  ② 银行存款：企业在银行账户中的货币资金。
  ③ 固定资产：企业为生产商品，提供劳务，出租或经营管理而持有的，且使用寿命超过一个会计年度，单价超过一定的金额的资产。

    厂房 汽车 设备 等。

涉及的 资产账户 有：

借 库存现金 贷	
现金收入	现金支付
期末实际持有的库存现金	

借 银行存款 贷	
存入银行的存款增加数	提取或支出存款而引起减少数
期末存放在银行的存款数	

借 固定资产 贷	
取得的固定资产原始价值的增加	因出售、报废原因而减少的固定资产原始价值
期末实际拥有的固定资产原始价值	

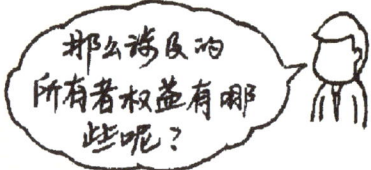
那么涉及的所有者权益有哪些呢？

涉及的 所有者权益科目 有：
① 实收资本：企业实际收到投资者投入资本金（注：股份有限制企业为"股本"）。
② 资本公积：企业收到投资者出资额超过其资本金的那部分以及直接计入所有者权益的利得和损失。

所有者权益账户 有：

借	实收资本	贷
按规定程序报批核准减少的资本金	企业实际以收到的投资者投入资本金的增加数
	企业期末实有的资本金

借	资本公积	贷
资本公积减少数	资本公积增加数
	期末尚存的资本公积结余数

2. 举例说明

① 假定本公司为一家非股份有限制，企业收到投入者投入资本金 2,000,000 元，其中国家投入 1,000,000 元，A公司投入 700,000 元，方宏个人投入 300,000 元，款项均存入银行。

资产　＝　负债　＋　所有者权益

借	银行存款	贷
① 2,000,000	

借	实收资本	贷
	① 2,000,000
	② 110,000

其会计分录：

借：银行存款　2,000,000
　　贷：实收资本—国家资本　1,000,000
　　　　　　　—A公司资本　700,000
　　　　　　　—方宏资本　300,000

② 本公司收到B公司投资转入的原材料一批和固定资产（机器）一台，其中原材料双方确认的价值为 30,000 元，投入固定资产（机器）的价值为 80,000 元。

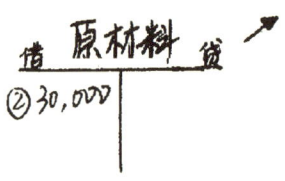
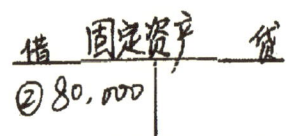

其会计分录:

借: 原材料 30,000
　　固定资产 80,000
　　贷: 实收资本—B公司 110,000

结论: 经过上述的两项业务
企业资产余额 = 2,000,000 + 30,000 + 80,000 = 2,110,000 (元)
　　　　　　 = 负债余额 + 所有者权益余额
　　　　　　　　　0 (元)　　　2,110,000 (元)

③ 假设本企业为一家股份有限制企业,委托甲证券公司代理发行普通股300,000股,每股面值为1元,每股发行价为3元,假定发行费用为零,甲证券公司代理发行成功将股款900,000元全部划入本企业账户。

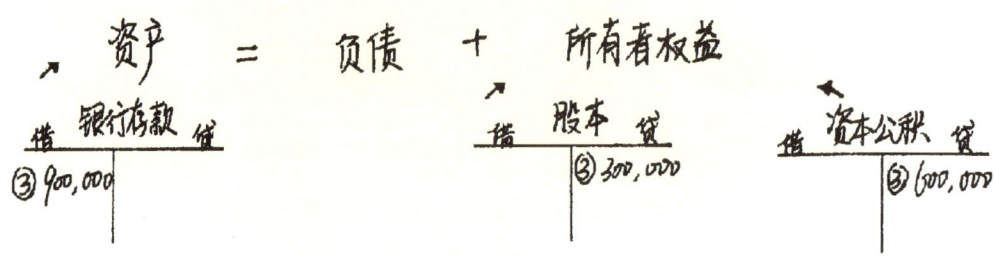

其会计分录为：

借：银行存款　900,000
　　贷：股本　　　300,000
　　　　资本公积　600,000

结论：
资产余额 ＝ 负债 ＋ 所有者权益
900,000元　　0元　　　900,000元
其中股本 ＝ 1元/股 × 300,000股 ＝ 300,000元
资本公积 ＝ (3-1)元/股 × 300,000股
　　　　　＝ 600,000元

（二）借入资金的核算

　要买原材料了，没钱怎么办呢？
要更新机器设备了，没钱怎么办呢？

　向银行或其他金融机构借入。
向其他单位与个人借入。

　嗯，最常规的还是向银行或其他金融机构借款。

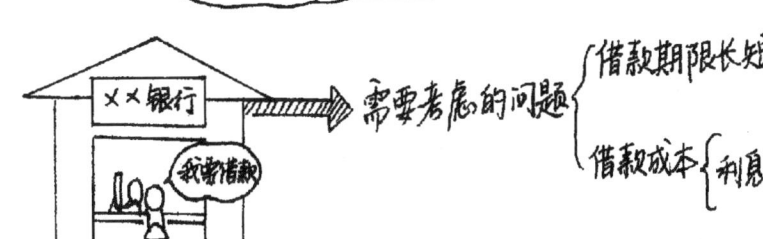

需要考虑的问题 ｛ 借款期限长短 ｛ 长期：一年以上　短期：一年之内
　　　　　　　　借款成本 ｛ 利息太高负担不起

1. 借入资金核算的账户

涉及的会计科目
- ① 短期借款：是企业向银行或其他金融机构等借入的，期限在一年以下（含一年）的各种借款。主要目的是用于企业流动资金的周转。
- ② 长期借款：企业向银行或其他金融机构借入的，偿还期限在一年以上的各种借款，主要目的是用于扩大再生产。比如：购买固定资产、对外长期投资等。
- ③ 其他应付款：企业向其他单位或个人借入的借款。

涉及的账户有：

借 短期借款 贷
借入资金的偿还数 | 借入资金的增加数
| 期末尚未偿还的实际金额

借 长期借款 贷
借入资金本金+利息的偿还数 | 借入资金本金+利息的偿还数
| 期末尚未偿还的长期借款的本金+利息

借 其他应付款 贷
企业其他应付暂收款项的偿还数 | 企业其他应付暂收款项的增加数
| 企业应付、未付款项的实存数

2. 举例说明

① 假定本企业于20xx年1月1日向银行取得借款500,000元，年利率为5%，6个月后偿还本息。

借：银行存款 500,000
　　贷：短期借款 500,000

借 银行存款 贷
① 500,000
② 2,000,000
③ 500,000

② 本企业于20××年1月2日向银行借入了本期的长期借款2,000,000元用于建造厂房,年利率为6%。

借:银行存款   2,000,000
　　贷:长期借款   2,000,000

③ 本企业于同年3月向东风公司借入款项500,000,用于短期周转,期限为3个月,年利率为5.5%。

借:银行存款   500,000
　　贷:其他应付款 500,000

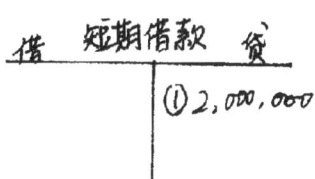

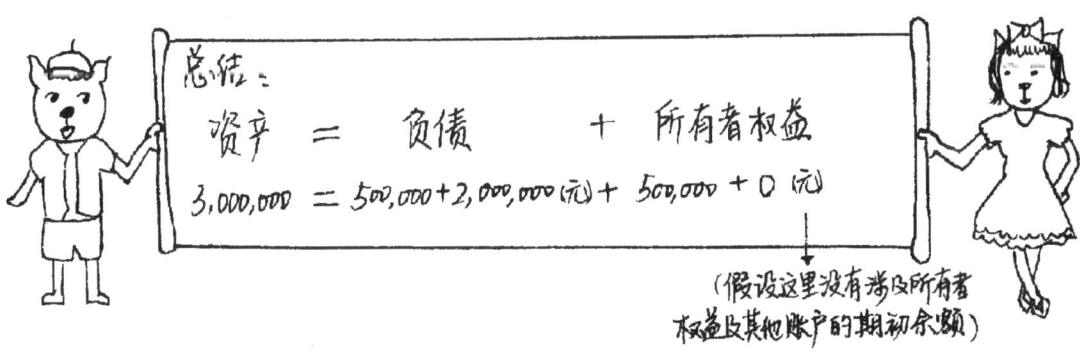

总结:
资产　＝　负债　　＋　所有者权益
3,000,000 ＝ 500,000＋2,000,000(元) ＋ 500,000＋0 元

(假设这里没有涉及所有者权益及其他账户的期初余额)

第三场　生产资料购置的核算

一、购置固定资产

(一) 固定资产的特点

生产工具

固定资产特点：单价大于一定金额、使用时间长于一年

房屋
建筑物
机器设备
机械运输工具等

会计记账需要考虑：
- 外购 { 需要安装 / 不需要安装 } → 原始成本
- 自建 ⟹ 为购造固定资产到达可使用状态前所支付的所有代价。

原始成本：
- 买价 + 安装材料、安装人工费、交纳税金等；
- 买价 + 包装费、测试费、交纳的有关税金。
  ↑
  (★注：这里不包含增值税)

(二) 举例说明 （这里将涉及的账户）

① 购进全新不需要安装的设备一台，发票上注明买价100,000元，增值税额17,000元，运输费3,000元，测试费500元。

借 固定资产 贷
① 103,500
② 206,000

借 银行存款 贷
5,000,000 ① 120,500
② 236,000
③ 1,020,000
↑
(★注：前期投资+借的，请参见前页。)

借：固定资产　　　　　　103,500
　　应交税费—应交增值税 17,000
　贷：银行存款　　　　　120,500

借 应交税费 贷
① 17,000
② 34,000

借 在建工程 贷
② 202,000　② 206,000
4,000
本期发生额合计　本期发生额合计
206,000　　　206,000
期末余额 0

② 购入需要安装的车床3台，买价200,000元，应交增值税额为34,000元，支付的运输费2,000元，均用银行存款支付。同时安装车床时，领用材料物资价值1,500元，发生应付工资2,500元，月末安装交付使用。

购入车床：

借：在建工程　　　　　　202,000
　　应交税费—应交增值税　34,000
　　贷：银行存款　　　　　236,000

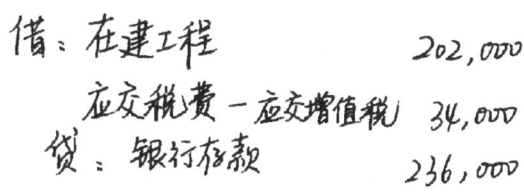

发生安装成本：

借：在建工程　　　　4,000
　　贷：原材料　　　　1,500
　　　　应付职工薪酬　2,500

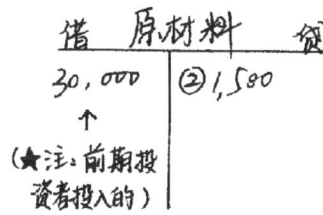
（★注：前期投资者投入的）

交付使用：

借：固定资产　　206,000
　　贷：在建工程　206,000

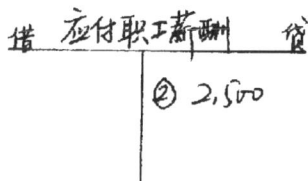

总结业务②：
　银行存款减少 120,500 + 236,000 = 356,500(元)
　用于支付固定资产购建费 103,500 + 206,000 - (1,500 + 2,500)
　　　　　　　　　　　　　　　　　　　　　　↑　　　　↑
　　　　　　　　　　　　　　　　　　　　　原材料　应付职工薪酬
　余额：51,000元，支付应交税费 17,000 + 34,000 = 51,000(元)。
　资金来源 = 资金运用

二、购进无形资产

(一) 无形资产的特点

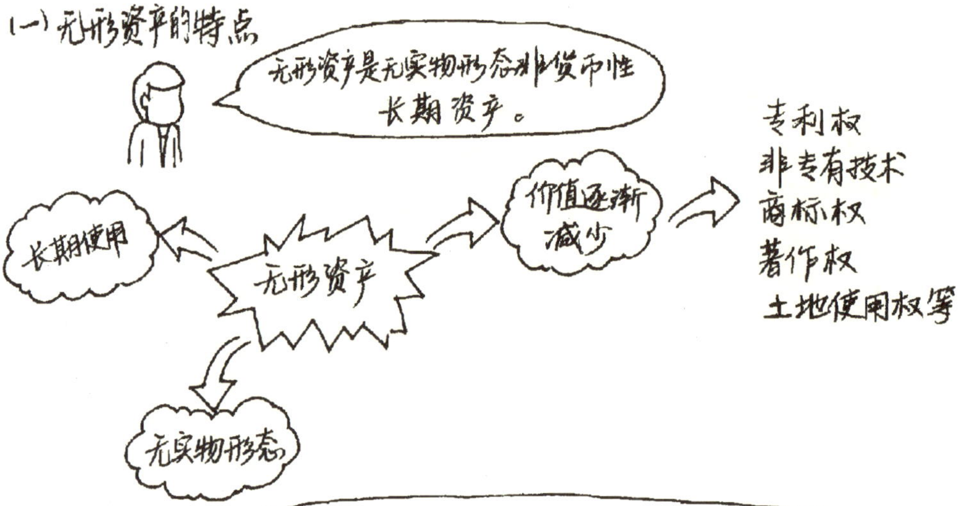

无形资产是无实物形态非货币性长期资产。

长期使用 ← 无形资产 → 价值逐渐减少 ⇒ 专利权、非专有技术、商标权、著作权、土地使用权等

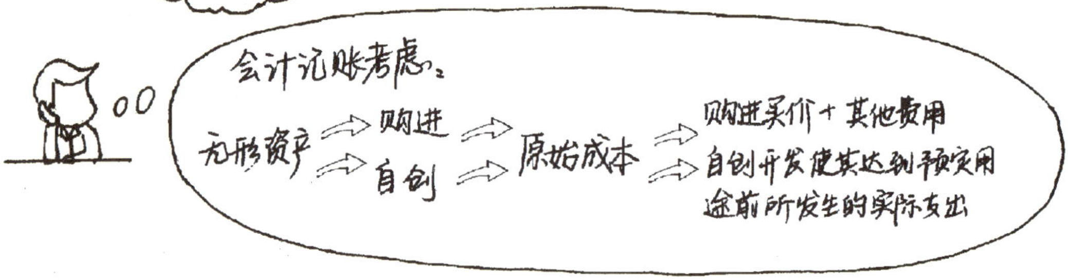

无形资产 ↓ 无实物形态。

会计记账考虑：

无形资产 ⇒ 购进 / 自创 ⇒ 原始成本 ⇒ 购进买价＋其他费用 / 自创开发使其达到预定用途前所发生的实际支出

(二) 举例说明（这里将涉及的账户）

若接上例：

③ 向某技术交易公司购入专利权，买价 2,000,000 元，注册登记的相关费用为 20,000 元，用银行存款支付了 1,020,000 元，余款等技术配套服务到位时再付。

借：无形资产　　2,020,000
　贷：银行存款　　1,020,000
　　　应付账款　　1,000,000

借	无形资产	贷
③ 2,020,000		

借	应付账款	贷
		③ 1,000,000

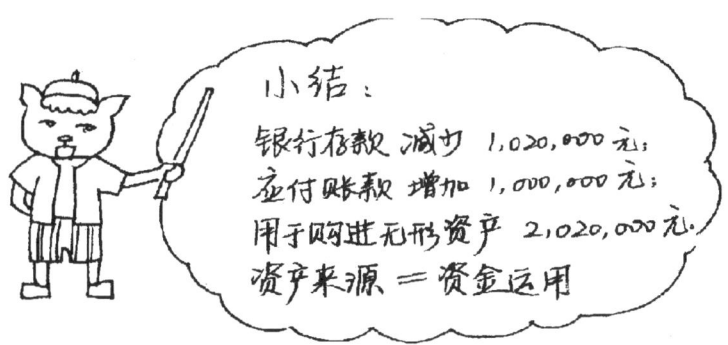

小结：
银行存款 减少 1,020,000元；
应付账款 增加 1,000,000元；
用于购进无形资产 2,020,000元。
资产来源 = 资金运用

第四场 供应过程：原材料及物料的购置

一、供应过程主要业务及核算

(一) 业务流转与资金流通

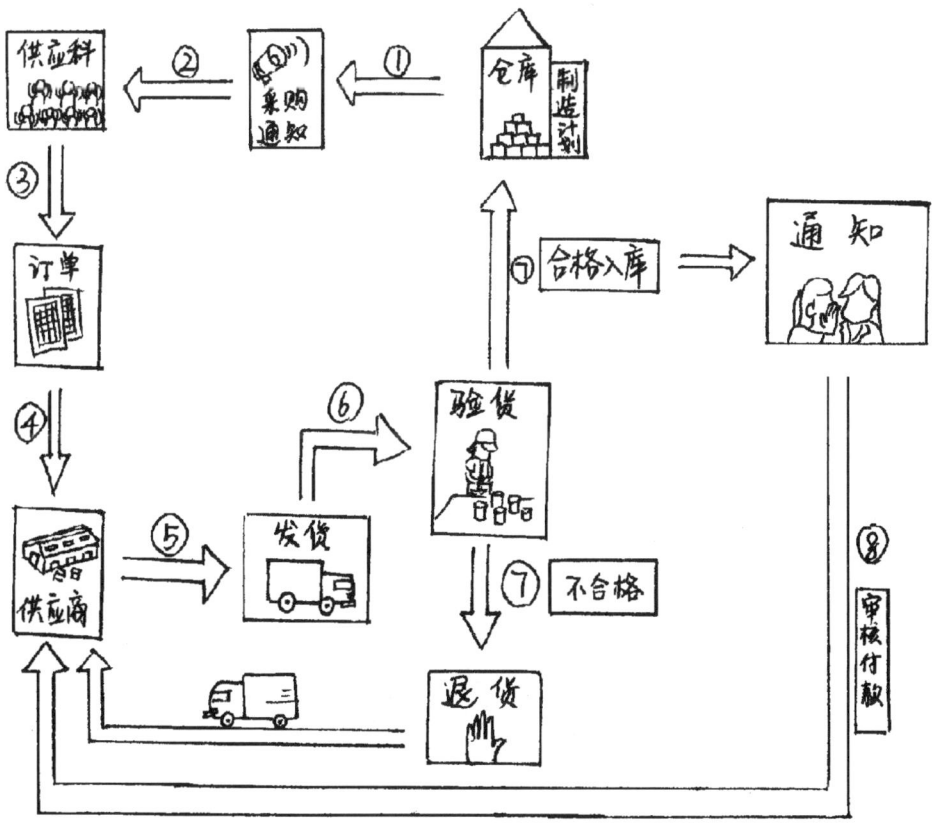

(二) 会计核算的重点：

① 采购成本的确定：

 买价＋运杂费＋途中合理损耗 ＋除增值税以外的其他税金＋入库前的挑选整理费＋其他……

如果几种原材料合并运输，如何分配采购费用呢？

② 采购费用分配：

 分配采购费用一般按重量或体积
运杂费金额/总重量或体积

计算公式：

单位分配金额(分配率) = $\dfrac{运杂费总额}{总重量/体积}$

③ 涉及的账户：

借	在途物资	贷
购入材料(或商品)买价＋采购费用	已验收入库材料的实际成本	
期末尚未到达或已到达未入库的实际成本		

核算企业采用实际成本(或)进价的材料、商品等在途物资的采购成本。其货款已付，而尚未验收入库。

(资产账户)

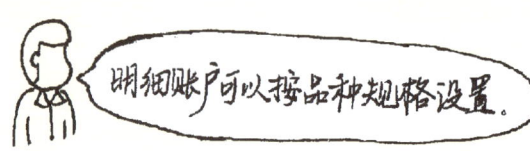 明细账户可以按品种规格设置。

借	原材料	贷
入库材料的实际成本		减少的原材料
期末库存材料的实际成本		

核算企业入库（库存）的各种材料，包括原料及主要材料、辅助材料、外购半成品（外购体）、修理用备件（备品备件）、包装材料、燃料等的实际成本。

（资产账户）

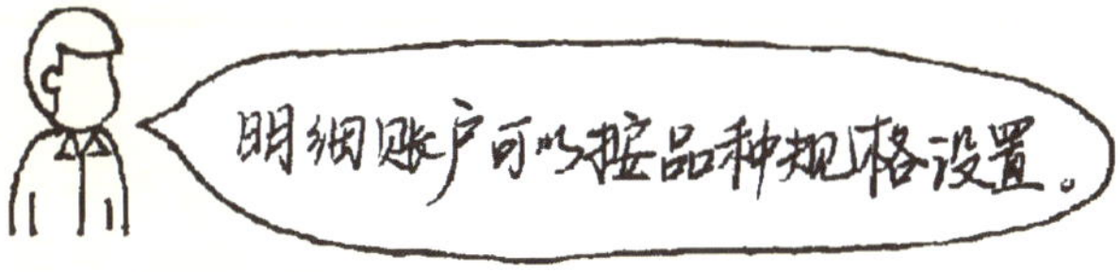

明细账户可以按品种规格设置。

借	预付账款	贷
预付给供货单位的货款		收到的物资总额
尚存的预付款项		

核算企业按照合同规定预付给供应单位的款项。

（资产类）

核算企业按税法等规定计算应交纳的各种税费，包括增值税、消费税、所得税等。

（负债账户）

借	应交税费	贷
已交纳的各种税费		应交纳的各种税费
		期末尚未交纳的各种税费

① 企业到底要交哪些税呢？
a. 流转税：
　　在商品流转过程中，要交的税收，除所得税以外的所有税。
b. 所得税：
　　以应纳税所得额作为基础，计算要交的税收。

② 为什么要设置应交税费账户呢？
　　因为计算税费通常在月末，而将税费上交税务部门通常在下个月初的10日前，于是月末会形成已计算但尚未上交的短期负债。

③ 增值税如何计算？
　　按不含税的价格。增值税的税率一般是17%，优惠税率为13%。
计算公式＝商品销售价格(不含税)×增值税税率

二、供应过程的账户设置及运用

> 举个例子吧！为了使于理解，从供应过程开始所有的例子都连号啦！

① 向下列供应单位购入A材料（不含税）100千克（单价300元/千克），B材料200千克（单价400元/千克），增值税税率为17%。对方单位货已发出，货款与税款用银行存款支付。

借：在途物资 —— A材料　30,000
　　　　　　 —— B材料　80,000

　　应交税费 —— 应交增值税　18,700
　　　　　　　　（进项税额）

贷：银行存款　　　　128,700

> 由于材料还在运输途中，尚未入库，所以要先记入"在途物资"账户。

> 由于增值税是在商品流转过程中要交纳的税收，则本次购入材料要交纳的税收是：(30,000+80,000)×17%=18,700元

② 用银行存款支付上述购入原材料的采购费用900元。

借：在途物资 —— A材料　300
　　　　　　 —— B材料　600

贷：银行存款　　　　900

> 这部分税收是要上交给上家（卖家）转交税务部门的，所以，当这部分金额上交卖家时，对本企业来说是已交国家税收的，减少记入负债账户"应交税费"账户的借方啰！

要分配一下哦：

一般按比重分配

分配率：$\dfrac{900元}{100千克+200千克}=3元/千克$

A材料应分配：100千克×3元/千克=300元

B材料应分配：200千克×3元/千克=600元

材料采购成本计算单
单位：元

成本项目	A材料		B材料	
	总成本	单位成本	总成本	单位成本
买价	30,000	300	80,000	400
运杂费	300	3	600	3
合计	30,300	303	80,600	403

③ 假设上述购入的原材料已验收入库，则：

借：原材料 —A材料 30,300
　　　　　　—B材料 80,600
　　贷：在途物资 —A材料 30,300
　　　　　　　　—B材料 80,600

借　原材料　贷
③ 110,900

先分类账户：

借　银行存款　贷
① 128,700
② 900

借　应交税费　贷
① 18,700

借　在途物资　贷
① 110,000　③ 110,900
② 900
0

70

明细分类账户：

借	应交税费—应交增值税	贷
① 18,700		

借	在途物资—A材料	贷
① 30,000	③ 30,300	
② 300		
0		

借	在途物资—B材料	贷
② 80,000	③ 80,600	
② 600		
0		

借 原材料—A材料 贷
数量 单价 金额
③ 100 303 30,300

借 原材料—B材料 贷
数量 单价 金额
③ 200 403 80,600

这个业务从资金来源与运用角度看是：
　　用银行存款购入的原材料支付增值税。
　　110,900 + 18,700 = 129,600(元)
从账户运用的角度来看：
　　"在途物资"账户的用途是计算原材料的采购成本；
　　"原材料"账户才是反映原材料增减变动的账户；
　　同时可以看出，明细账是对总分类账的详细说明的账户，总分类账是反映总括内容的账户。

④ 如果供应单位在发货前要求购货方预付部分货款 50,000元，则会增加部分财务处理，预付时：

　　借：预付账款 — ×××公司　　50,000
　　　贷：银行存款　　　　　　　50,000

⑤ 当发货后：

　　借：在途物资 — A材料　　30,000
　　　　　　　　— B材料　　80,000
　　　应交税费 — 应交增值税　18,700
　　　　　　　（进项税款）
　　　贷：预付账款 — ××公司　50,000
　　　　　银行存款　　　　　　78,700

其他账户：

借 预付账款 贷
⑤ 50,000

借 银行存款 贷
⑤ 78,700

"预付账款"账户，此时只是一个中间性质的账户，当对方发货后，抵扣的余额预付款后用银行存款支付，则"预付账款"余额为零。

借 应交税费 贷
⑤ 18,700

借 应交税费—应交增值税 贷
⑤ 18,700

借　在途物资　贷
⑤ 110,000

借　在途物资—A材料　贷
⑤ 30,000

借　在途物资—B材料　贷
⑤ 80,000

第五场　生产过程：产品与费用的归集和分配的核算

一、生产过程的主要业务及核算

1. 生产流转与资金流通

生产过程是企业投入"料、工、费"生产出完工产品的过程。

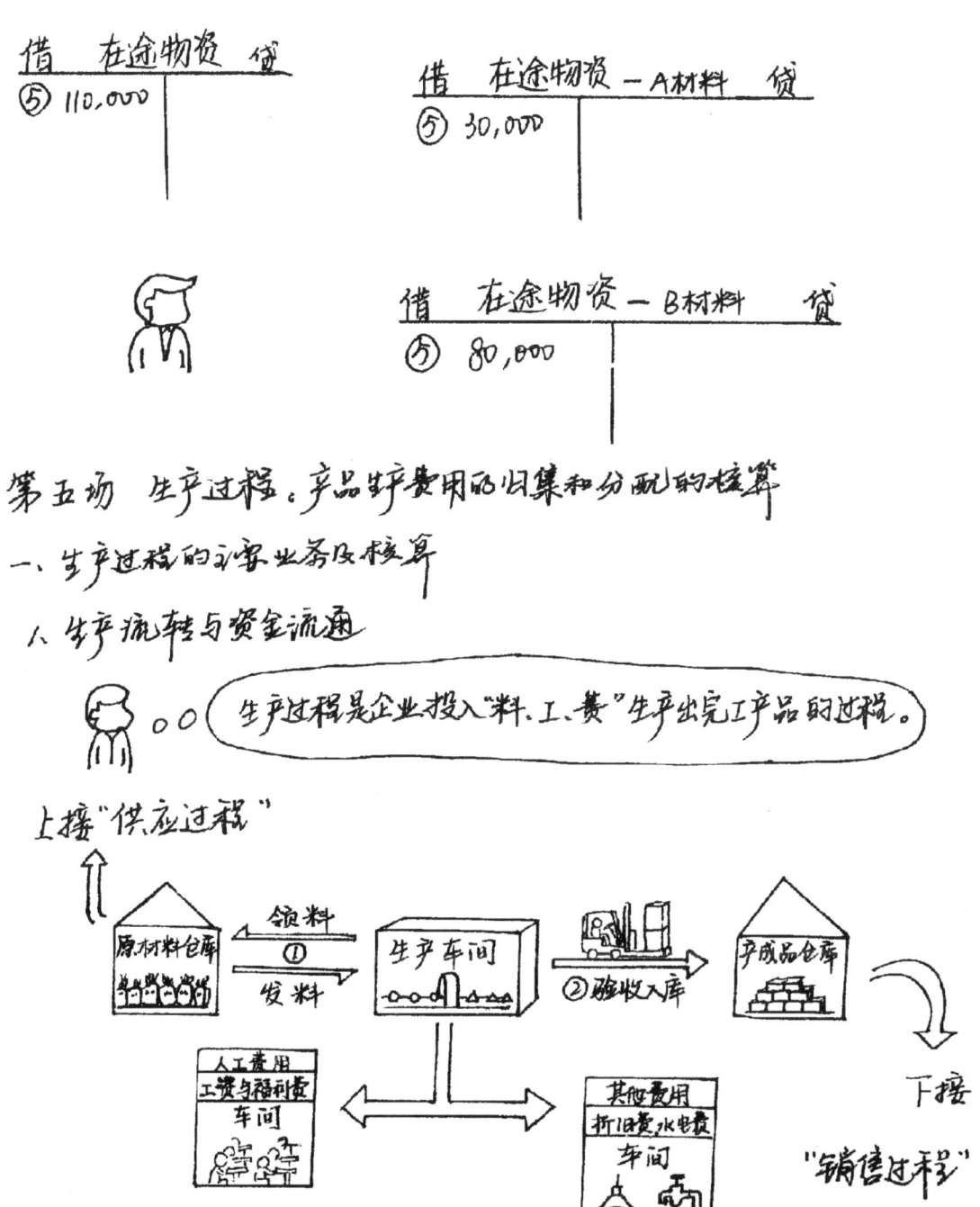

上接"供应过程"

① 领料 / 发料
② 验收入库

下接"销售过程"

2. 会计核算的几个重点

(1) 生产费用及完工产成品成本的计算。

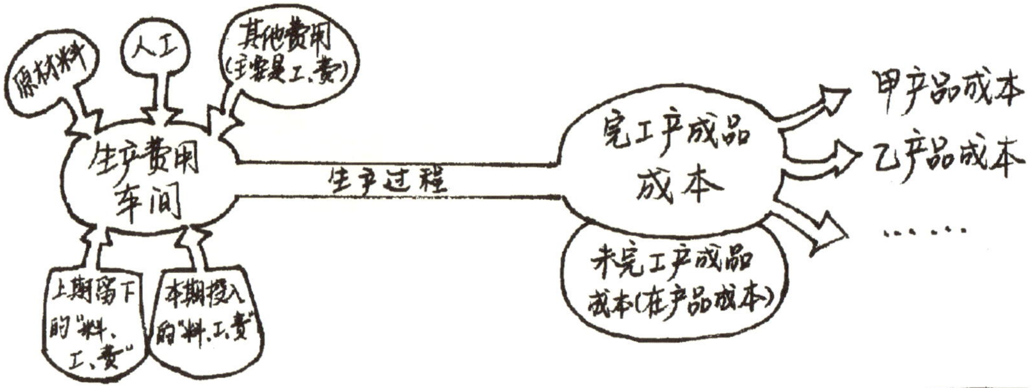

```
原材料 ──┐
人工   ──┤      生产过程      完工产成品        → 甲产品成本
其他费用─┤  ───────────→    成本             → 乙产品成本
(主要是工费)  生产费用车间                        ……
上期剩下的料、工、费 ──┤         未完工产成品
本期投入的料、工、费 ──┘         成本(在产品成本)
```

> 计算公式：
> 某种产品的完工总成本 = 期初在产品成本 + 本期投入的生产费用 - 期末在产品成本
>
> 某种完工产品的单位成本 = $\dfrac{\text{某种产品的完工总成本}}{\text{完工产成品数量}}$

(2) 费用的分类及分配。

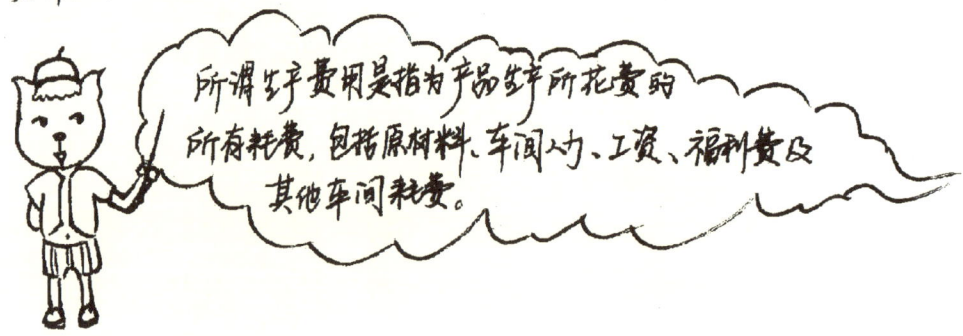

所谓生产费用是指为产品生产所花费的所有耗费，包括原材料、车间人力、工资、福利费及其他车间耗费。

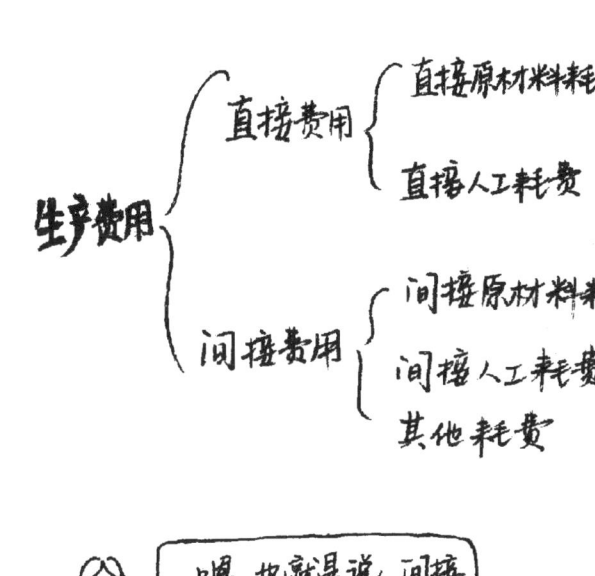
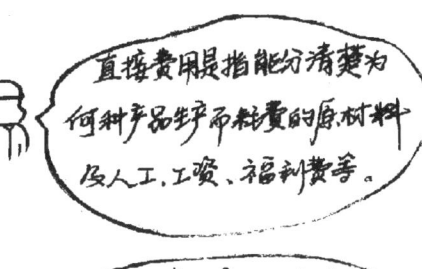

生产费用
- 直接费用
  - 直接原材料耗费
  - 直接人工耗费
- 间接费用
  - 间接原材料耗费
  - 间接人工耗费
  - 其他耗费

直接费用是指能分清楚为何种产品生产而耗费的原材料及人工、工资、福利费等。

间接费用是指不能直接认定为何种产品生产而耗费的原材料、人工及其他费用。

嗯，也就是说，间接费用需要分配了？

分配标准一般是生产工时或工资。

分配公式：

$$\text{单位（工时或工资）应分配的费用} = \frac{\text{（车间）间接费用总额}}{\text{总工时（生产人员工资）}}$$

(3) 涉及的主要账户：

借	生产成本	贷
料、工、费的投入	完工产成品成本的转出	
期末在产品的成本		

⇒ 用于核算企业进行生产发生的各项生产成本 明细账户通常按生产的品种规格设置

借	制造费用	贷
间接费用的增加	间接费用分配的减少	
期末余额		

⇒ 用于核算企业生产车间（部门）为产品生产或提供劳务而发生的各项间接费用

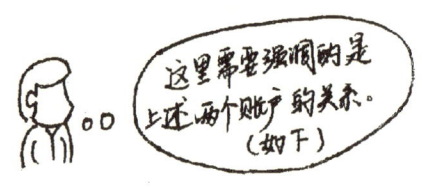

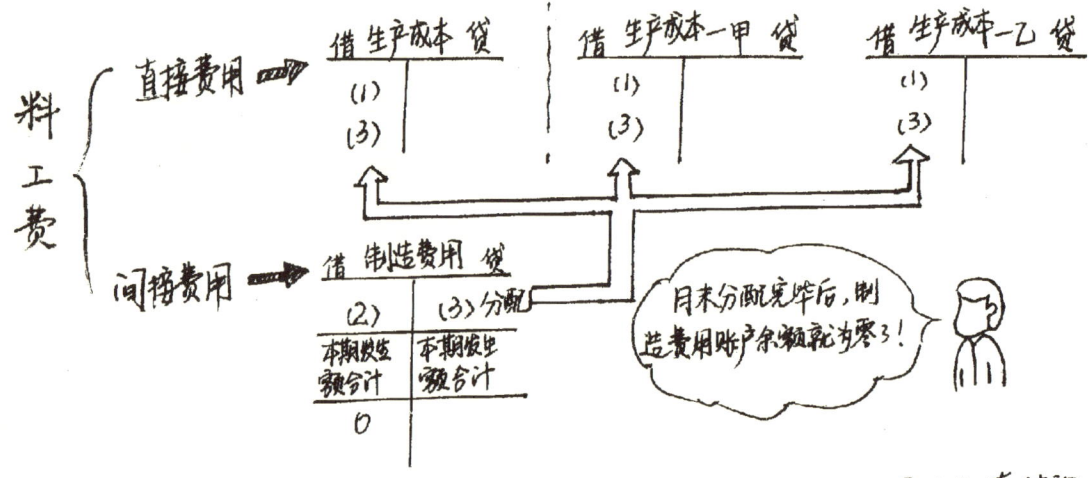

(4) 由于计算人工基本都是本月工资、福利费本月入账，到下个月才能支付的。因此，就有了"应付职工薪酬"账户（负债）。

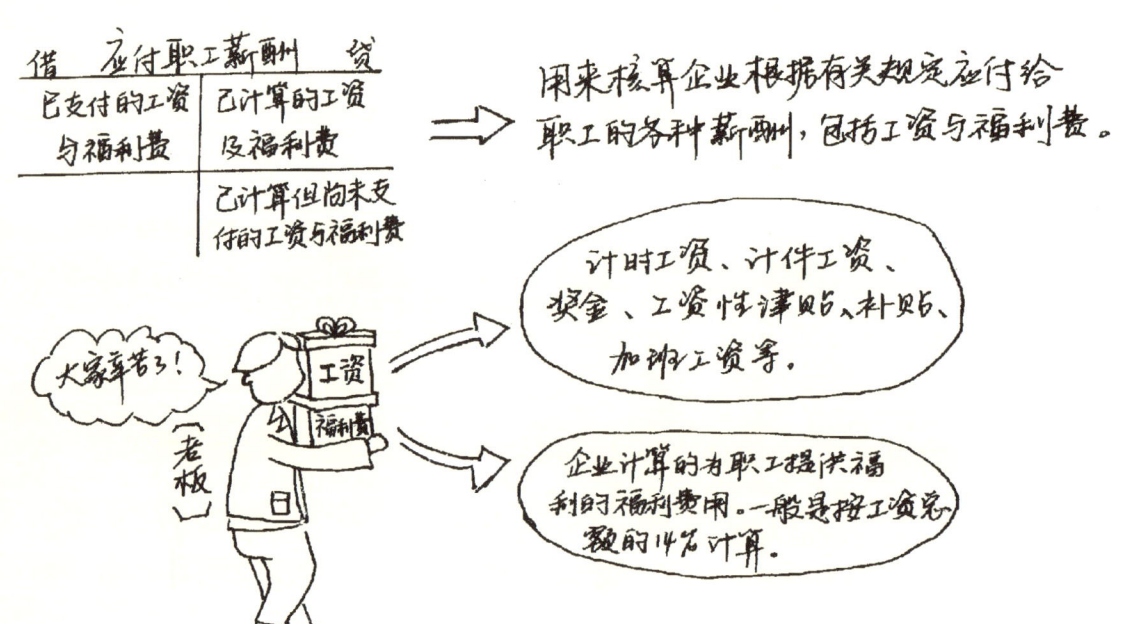

（5）由于此阶段还会涉及固定资产价值的减少，所以我们要讨论累计折旧的问题。

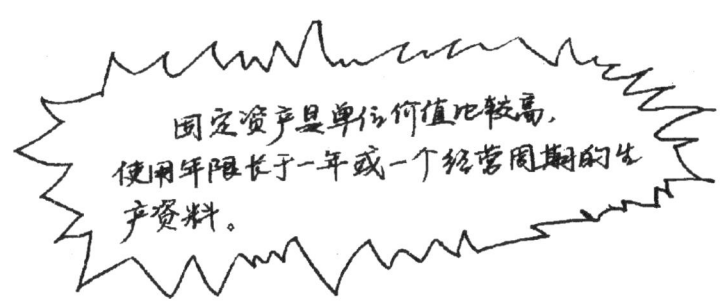

固定资产是单位价值比较高，使用年限长于一年或一个经营周期的生产资料。

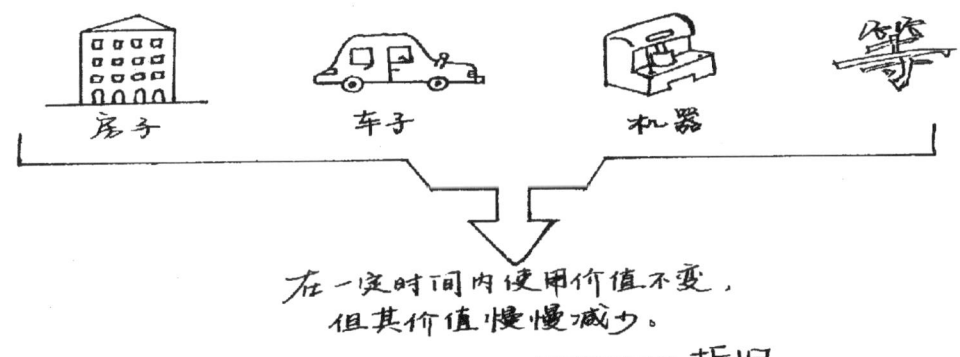

房子　车子　机器　等

在一定时间内使用价值不变，但其价值慢慢减少。
———— 折旧

折旧原因：

ⓐ 科技进步，提前报废。（ 比如淘汰的计算机）

ⓑ 由于使用或自然侵蚀，机器设备变旧。（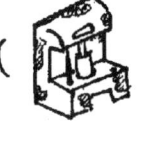 生锈的机器）

借　累计折旧　贷	
累计折旧的减少或转销	固定资产折旧的增加
	固定资产已提折旧的累积数

> 为计算固定资产因折旧而减少的价值应设置"累计折旧"账户。(资产的减少账户)
>
> "固定资产"账户的借方余额 — "累计折旧"账户的贷方余额 = 固定资产的净值

二、生产过程的账务处理

> 为方便理解,接"供应过程"的举例哦～

(6) 假设企业车间为生产甲、乙产品领用以下材料,其中:

	A 材料(千克)	B 材料(千克)
甲产品生产耗用	30	60
乙产品生产耗用	60	40
车间一般耗用	2	4
合计	92	104

> 首先去原材料明细分类账户查证一下,发现:A材料 单位购料成本 303元/千克
> B材料 单位购料成本 403元/千克

> 还有哦～甲产品耗用、乙产品耗用为直接费用;车间一般耗用是间接费用!

那我们来画个表格分析一下吧：

	A 材料			B 材料			合计		
	数量	单价	金额	数量	单价	金额	数量	单价	金额
甲产品生产耗用	30	303	9,090	60	403	24,180			33,270 ← ①
乙产品生产耗用	60	303	18,180	40	403	16,120			34,300 ← ②
车间一般耗用	2	303	606	4	403	1,612			2,218 ← ③
合计	92	303	27,876	104	403	41,912			69,788
			④			⑤			

即会计分录为：

借：生产成本 — 甲产品　33,270　①
　　　　　　　— 乙产品　34,300　②
　　制造费用　　　　　　2,218　③
贷：原材料 — A材料　27,876　④
　　　　　— B材料　41,912　⑤

注：序号对应上图表格中的序号

登记账户如下：

【总账账户】

借　生产成本　　贷
⑥ 69,788
⑦ 38,760
⑩ 84,734　⑪ 186,504
　　　　　　　0

借　制造费用　　贷
⑥ 2,218　⑩ 84,778
⑦ 4,560
⑧ 3,000
⑨ 75,000
　84,778
　　　0

【明细账户】

借　生产成本 — 甲产品　贷
⑥ 33,270
⑦ 15,960　⑪ 84,530
⑩ 35,300
　　　　　　　0

借　生产成本 — 乙产品　贷
⑥ 34,300
⑦ 18,240　⑪ 102,018
⑩ 49,478
　　　　　　　0

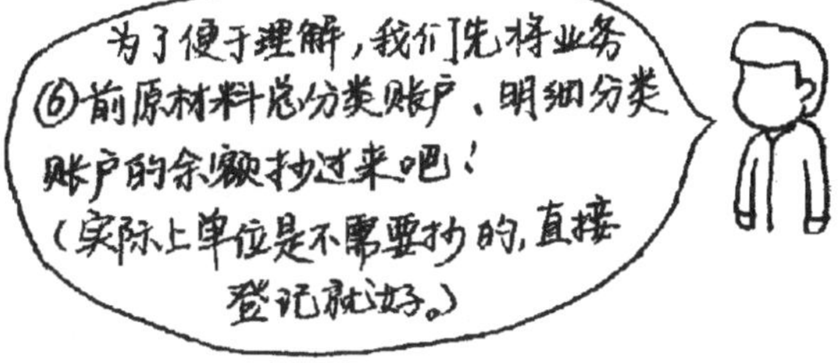

为了便于理解，我们先将业务⑥前原材料总分类账户、明细分类账户的余额抄过来吧！（实际上单位是不需要抄的，直接登记就好。）

借	原材料	贷
③ 110,900		⑥ 69,788

记入后,发现仓库A材料只剩8千克了,B材料只剩96千克了。又该进货了,要不然下次车间再来领用就不够了!

借		原材料—A材料			贷
数量	单价	金额	数量	单价	金额
③ 100	303	30,300	⑥ 92	303	27,876

借		原材料—B材料			贷
数量	单价	金额	数量	单价	金额
③ 200	403	80,600	⑥ 104	403	41,912

好的!看来明细账户的信息也是很重要的!

(7) 假定本月企业车间共发生以下应付职工工资、福利费,其中:

	工资	福利费(工资总额的14%)	合计
甲产品生产耗用	14,000	1,960	15,960
乙产品生产耗用	16,000	2,240	18,240
车间管理人员	4,000	560	4,560
合计	34,000	4,760	38,760

(单位:元)

其会计分录为：

借：生产成本——甲产品　15,960
　　　　　　——乙产品　18,240
　　制造费用　　　　　　4,560
　　贷：应付职工薪酬　　38,760

总分类账户：

借	应付职工薪酬	贷
		⑦ 38,760

然后不要忘记登记到有关账户中去哦

(8) 假定企业车间用固定资产本月的折旧额（假定采用平均年限法）为3,000元。

则：借：制造费用　3,000
　　贷：累计折旧　3,000

总分类账户：

借	累计折旧	贷
		⑧ 3,000

那企业固定资产折旧额是如何计算的呢？

当然有一定的办法啦~

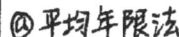

ⓐ 平均年限法

年折旧额 = $\dfrac{\text{固定资产原值} - \text{预计净残值}}{\text{预计使用年限}}$

年折旧率 = $\dfrac{\text{年折旧额}}{\text{固定资产原值}}$

ⓑ 工作量法

单位工作量折旧额 = $\dfrac{\text{固定资产原值} - \text{预计净残值}}{\text{预计总工作量}}$

年折旧额 = 该年固定资产工作量 × 单位工作量折旧额

ⓒ 加速折旧率（复杂些，中级会计再讲哟）

(9) 本月车间共支付水费 20,000元，电费 50,000元，车间固定资产保养费等其他费用 5,000元，则：

借：制造费用　　75,000
　　贷：银行存款　75,000

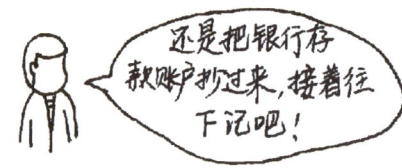

借	银行存款	贷
3,623,500	①	140,400
	②	900
	④	50,000
	⑤	78,700
	⑨	75,000

(★注："供应过程"之前所段的银行存款余额。)

(10) 假定本月末，通过对"制造费用"账户的借方发生额的加计发现，本月共发生制造费用 84,778元，于是就需要对该费用进行分配，本例要求按工时比例分配（其中，甲产品耗用工时为 5,000小时，乙产品耗用工时为 7,000小时），则：

制造费用分配率 = $\dfrac{84,778元}{5,000小时 + 7,000小时}$ ≈ 7.06元/小时

甲产品应分配的制造费用 = 5000小时 × 7.06元/小时 = 35,300元

乙产品应分配的制造费用 = 84,734元 − 35,300元 = 49,478元

其会计分录为：

借：生产成本—甲产品　35,300
　　　　　　—乙产品　49,478
　　贷：制造费用　　　　84,778

(11) 假定本月投入的甲产品(1,000件)、乙产品(500件)全部完工,并验收入库,则:

借: 库存商品——甲产品 84,530
            ——乙产品 102,018
  贷: 生产成本——甲产品 84,530
            ——乙产品 102,018

产成品成本计算单

成本项目	甲产品(1,000件)		乙产品(500件)	
	总成本	单位成本	总成本	单位成本
直接材料	33,270	33.27	34,300	68.60
直接人工	15,960	15.96	18,240	36.48
制造费用	35,300	35.30	49,478	98.956
合计	84,530	84.53	102,018	204.036

见生产成本总分类账户与明细分类账户。

借 库存商品 贷	借 库存商品——甲产品 贷	借 库存商品——乙产品 贷
(11) 186,548	数量 单价 金额	数量 单价 金额
	(11) 1000 84.53 84,530	(11) 500 204.036 102,018

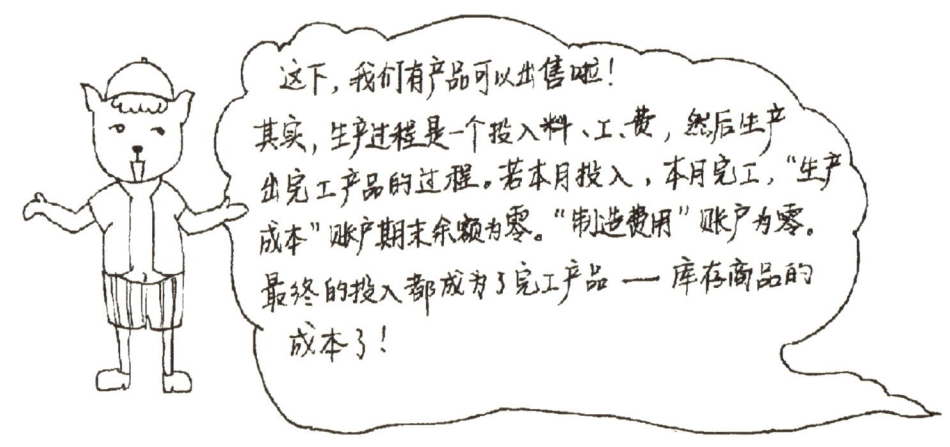

第六场 销售过程：营业利润的核算

一、销售过程的主要业务及核算

1. 销售过程

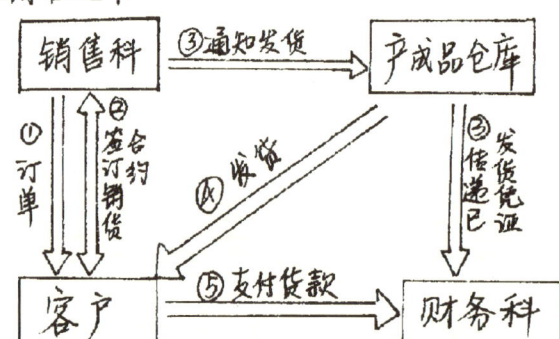

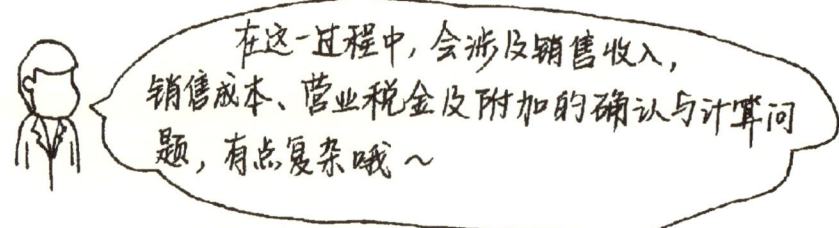

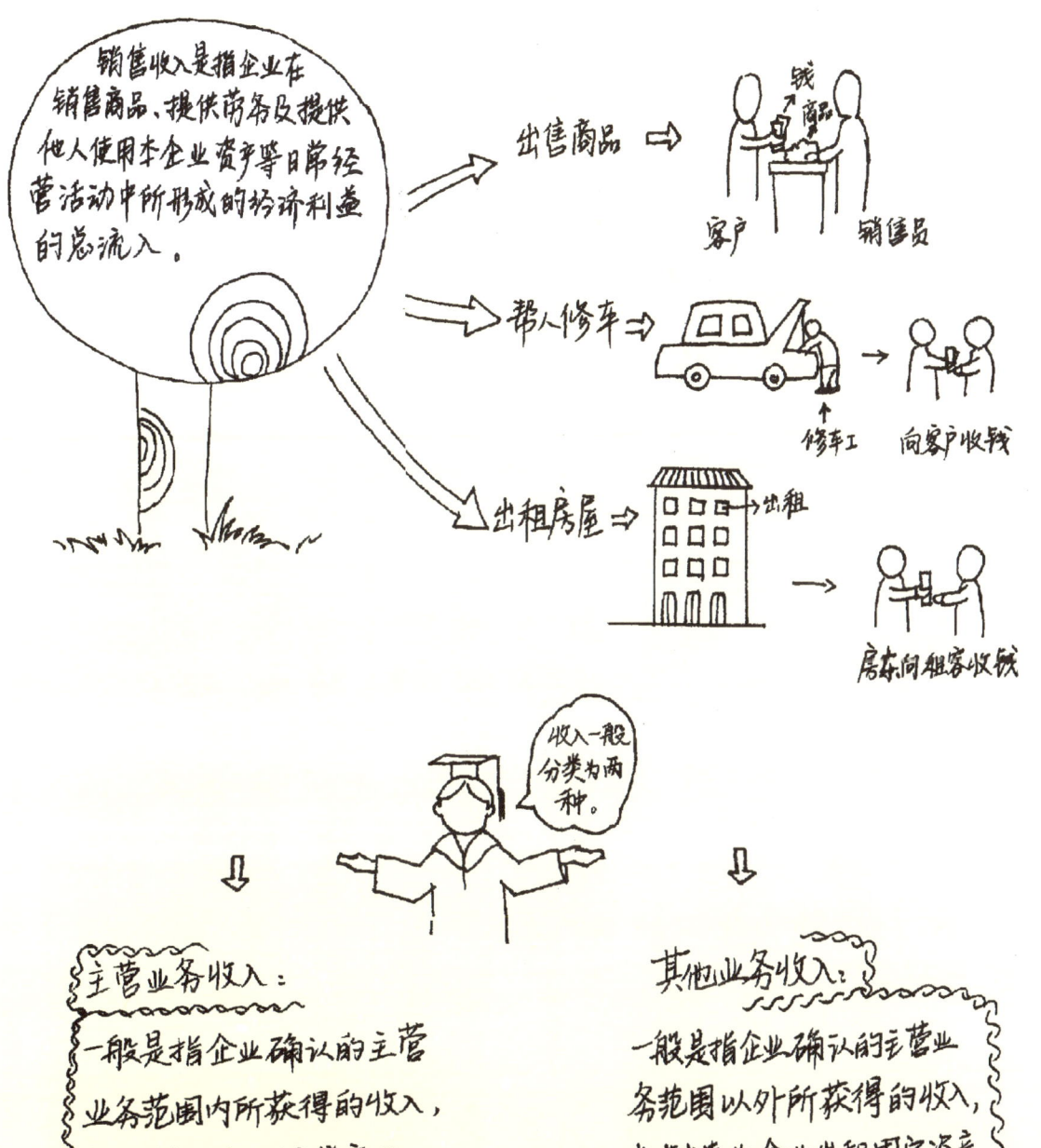

2. 收入的确认与计量

 怎样的情况下，企业才认为收入已实现呢？

 收到现金或银行存款？

 还是收到存款权利？

让我们根据会计准则来确认一下收入实现的条件：

① 企业已将商品所有权的主要风险和报酬转移给买方。

② 企业既没有保留继续管理权，也没有对已售的商品实施控制。

③ 与交易相关的经济利益能够流入企业，且能够可靠计量。

举例说明：

中美贸易中如果采用"F.O.B Shippment point"（价格术语）这个价格中文称为"F.O.B 离岸价"，此价格比较低，不含运杂费与保险费。即：运杂费与保险费要买方支付。如果是海运的方式，双方的权利与义务以货物越过船舷或到达舱底为界。

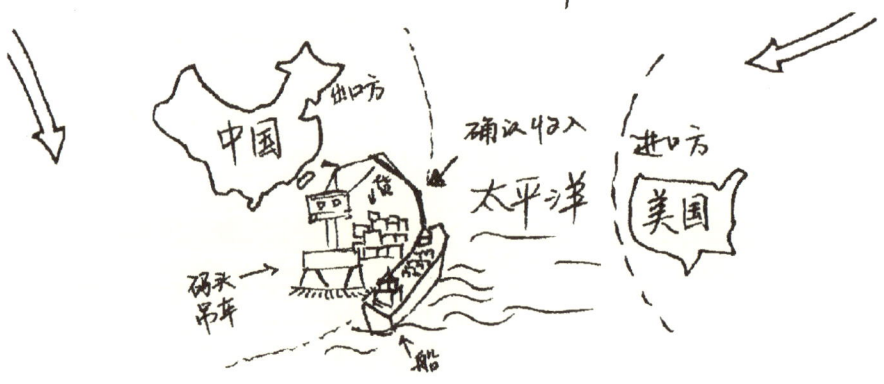

注意收入的计量：

主营(其他)业务收入 = 销售数量 × 销售单价

主营(其他)业务成本 = 销售数量 × 单位产品成本

营业税金及附加：
　　指企业销售主要经营的产品、商品，提供劳务等按规定应交纳的营业税金及附加。相关税费包括在经营活动中发生的消费税、资源税、城市维护建设税、教育费附加等。

二、销售过程的核算

(一) 设置的主要账户

（费用类）账户

借	主营业务成本	贷
已售商品提供劳务的实际成本	结转"本年利润"账户的金额	
期末余额 0		

借	营业税金及附加	贷
按规定计算的应交的消费税、资源税、城市维护建设税、教育费附加等税收	结转"本年利润"账户的金额	
期末余额 0		

（收入类）账户

借	主营业务收入	贷
结转到"本年利润"账户的金额	销售主营业务范围产品所获得的收入	
	期末余额 0	

借	其他业务收入	贷
结转到"本年利润"账户的金额	销售非主营业务范围内的资产与服务所获得的收入	
	期末余额 0	

比如：
- 出售原材料
- 出租包装物
- 出售固定资产技术等。

87

恶补一下：
在商品流转阶段，除前面所讲的增值税以外，还有消费税（比如买奢侈品、烟、酒要交的税种），资源税（用自然资源要交的税种），城市维护建设税、教育费附加。

为城市建设，教育发展要交纳的税种。

城市维护建设税 = 企业应纳（增值税 + 消费税）× (7%、5% 或 1%)

↓ 大城市　↓ 乡镇　↓ 不在大城市或乡镇的

教育附加费 = 企业应纳（增值税 + 消费税）× 3%

费用类账户：

借	其他业务成本	贷
	其他经营活动所产生的支出	结转"本年利润"账户金额
	期末余额0	

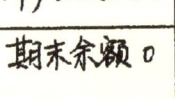

比如：
· 销售材料的成本
· 出租固定资产折旧额等

借	销售费用	贷
	在销售商品提供劳务过程中所发生的支出	结转"本年利润"账户金额
	期末余额0	

比如：
· 保险费
· 运杂费
· 包装费
· 展览费
· 广告费等

借 财务费用 贷	
企业为筹集生产经营所需资金而发生的费用	结转"本年利润"账户金额
期末余额 0	

借 管理费用 贷	
企业为组织、管理全企业(除车间)生产经营所发生的费用	结转"本年利润"账户金额
	期末余额 0

比如：
- 利息支出(利息收入)
- 汇兑损益以及其他手续费等

比如：
- 开办费
- 行政经费等

注：销售费用、财务费用、管理费用统称为期间费用——企业当期发生的，不计入产品制造成本，必须从当期收入中补偿的费用。

如果企业有闲钱，在股市和债市买点股票与债券作为短期对外投资，称为交易性金融资产。有投资就会有收益或损失，于是应设置"投资收益"账户。

收入类账户：

借 投资收益 贷	
企业对外投资发生的损失	企业对外投资所发生的收益
期末余额：投资损失大于收益	期末余额：投资收益大于损失

89

（资产账户）：

借 应收账款 贷	
企业应向购货单位和个人收取的货款、税款的债权	应收债权的减少
期末尚未收回的债权	

（负债账户）：

借 预收账款 贷	
销售单位以商品或提供劳务的方式冲销的预收款	销售单位预收购买单位的部分货款
	销售单位尚未冲销的预收款

除了赊销以外，还有预收账款此项，因此还应设置以下账户：

（二）销售过程的账务处理

~~~ 上接生产过程业务 ~~~

(12) 假定销售甲产品500件给M公司，每件售价170元（不含税）；销售乙产品200件给N公司，每件售价为500元（不含税）。M公司的货款计85,000元，增值税款14,450元，货已发出，款已收存银行；N公司的货款计100,000元，增值税款17,000元，货已发出，但货款税款暂欠。

其会计分录为（确认销售）：

借：银行存款　　　　　　　　99,450
　　贷：主营业务收入　　　　　85,000
　　　　应交税费——应交增值税　14,450
　　　　　　（销项税额）

一般增值税税率为17%。
增值税计算公式＝不含税价格×17%

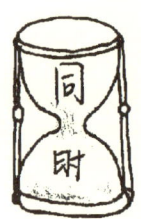

借：应收账款——N公司　　　117,000
　　贷：主营业务收入　　　　　100,000
　　　　应交税费——应交增值税　17,000
　　　　　　（销项税额）

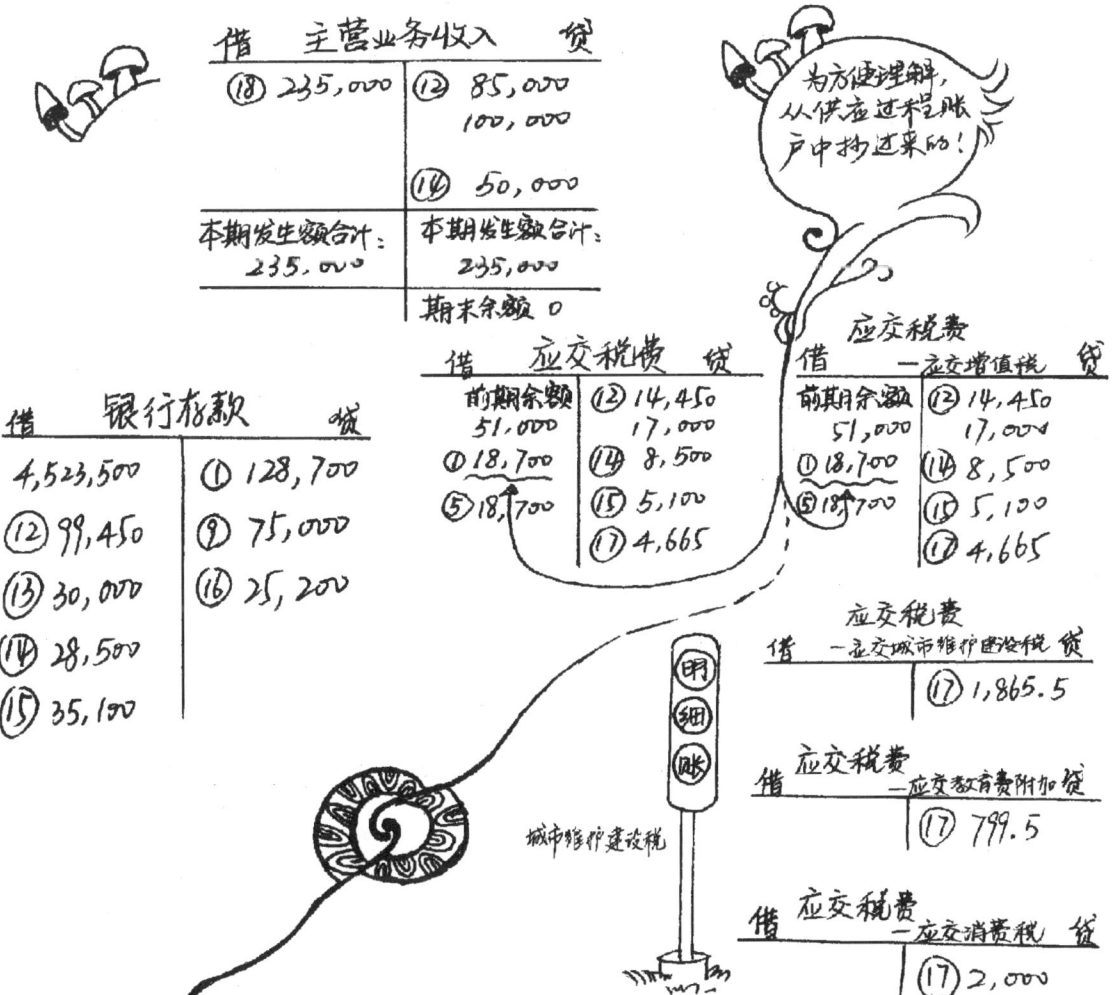

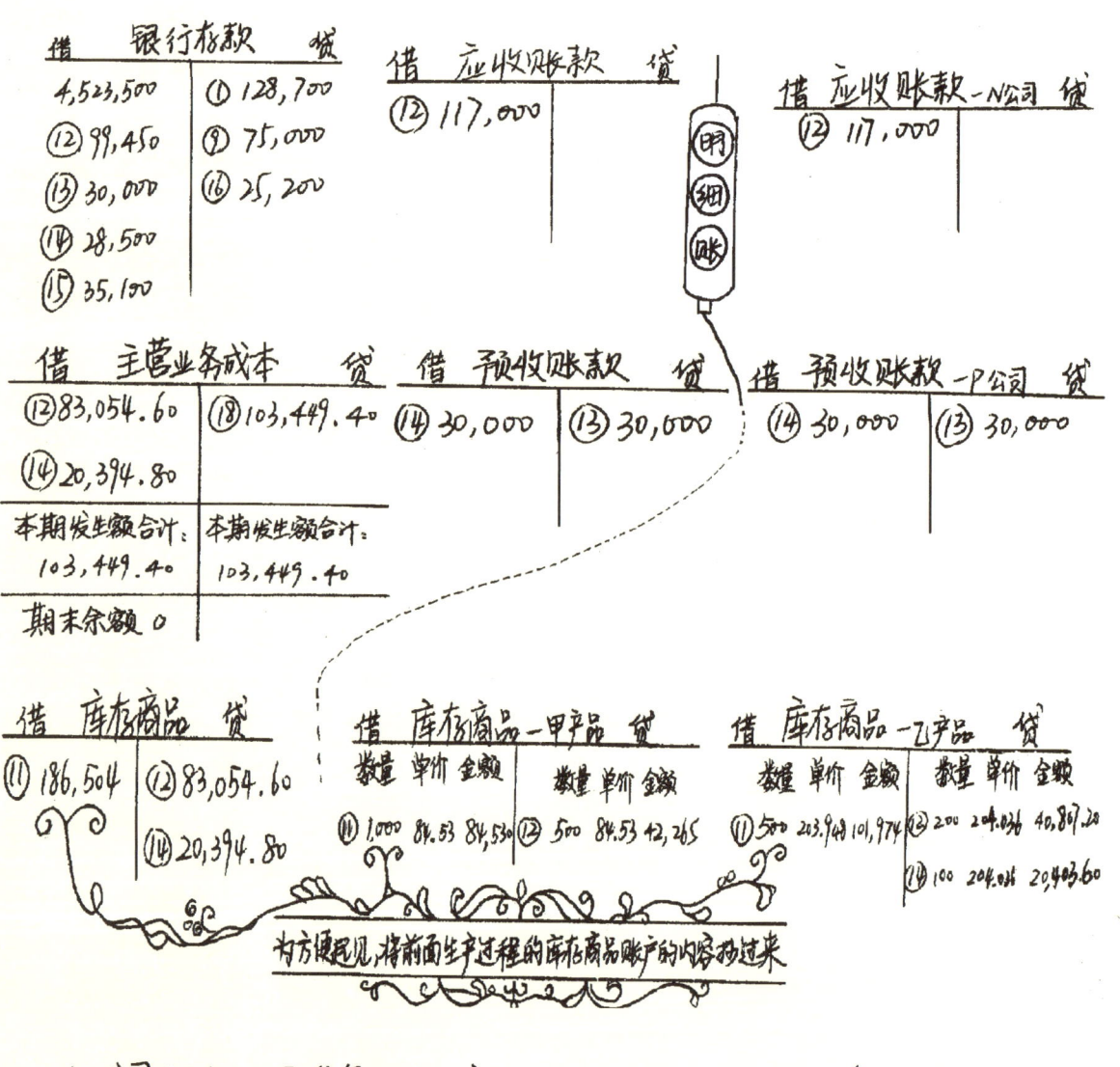

(13) 公司收到P公司准备购买乙产品,预付的定金30,000元,存入银行,其会计分录为:

借:银行存款　　　　　　30,000
　贷:预收账款－P公司　　30,000

(14) 按合同向已预付货款的P公司发出乙产品100件,每件售价500元,货款50,000元,增值税额8,500元,价税款共计58,500元,冲销了30,000元,故应再收款28,500元。其会计分录如下:

借:银行存款　　　　　　28,500
　　预收账款—P公司　　 30,000
　贷:主营业务收入　　　　 50,000
　　　应交税费—应交增值税 8,500
　　　　　　(销项税额)

发货:
　借:主营业务成本　20,403.60
　贷:库存商品　　　20,403.60

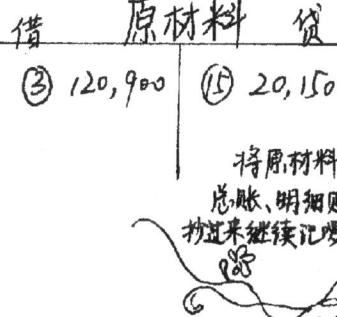

借	其他业务成本	贷
⑮ 20,150		⑱ 20,150
本期发生额合计 20,150		本期发生额合计 20,150
期末余额 0		

借	其他业务收入	贷
⑱ 30,000		⑮ 30,000
本期发生额合计 30,000		本期发生额合计 30,000
		期末余额 0

(15) 出售一批原材料—B材料50千克,单位售价600元/千克,成本价403元/千克。货款通过银行转账收讫。

出售分录:
　借:银行存款　　　　　　35,100
　贷:其他业务收入　　　　 30,000
　　　应交税费—应交增值税 5,100
　　　　　　(销项税额)

发货:
　借:其他业务成本　　　　20,150
　贷:原材料—B材料　　　 20,150

借	原材料	贷
③ 120,900		⑮ 20,150

将原材料总账、明细账抄过来继续记哟!

借 原材料-A材料 贷					借 原材料-B材料 贷				
数量	单价	金额	数量	单价	金额	数量	单价	金额	数量	单价	金额
③100	303	39,300	⑥92	303	27,876	③200	403	80,600	⑥109	403	43,927
									⑮50	403	20,150

(16) 本月以银行存款支付销售商品广告费6,000元,展览费2,000元,银行手续费400元,业务招待费610元。此外,通过汇总本月公司总部为组织行政管理工作还发生了办公费350元,材料消耗1,212元,人工费6,840元,差旅费1,688元,固定资产折旧及保养费5,500元,财产保险费610元,款项均已付讫。

其会计分录为:
借:销售费用   8,000
   财务费用   400
   管理费用   16,800
 贷:银行存款   25,200

(费用类):

借 销售费用 贷
⑯ 8,000 | ⑱ 8,000
本期发生额合计 | 本期发生额合计
8,000 | 8,000
期末余额 0

借 财务费用 贷
⑯ 400 | ⑱ 400
本期发生额合计 | 本期发生额合计
400 | 400
期末余额 0

借 管理费用 贷
⑯ 16,800 | ⑱ 16,800
本期发生额合计 | 本期发生额合计
16,800 | 16,800
期末余额 0

借 税金及附加 贷
⑰ 4,665 | ⑱ 4,665
本期发生额合计 | 本期发生额合计
4,665 | 4,665
期末余额 0

(17) 假设月末计算出12月份应交纳的消费税2,000元,那么按照城市维护建设税的计算公式,可以计算出企业本月应纳的城市维护建设税及教育费附加,其中:

教育费附加=(24,650+2,000)×3%=799.5元)

城市建设维护税 =(24,650+2,000)×7%=1865.5(元)

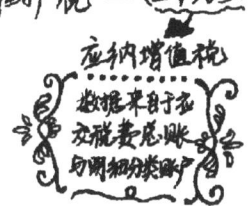

应纳增值税 数据来自于"应交税费"账户 应用细分类账户

应纳消费税

此处是假设啦!

其会计分录为:
借:税金及附加　　　　　　4,665.0
　　贷:应交税费—应交消费税　　2,000.0
　　　　　　　　—应交城市维护建设税　1,865.5
　　　　　　　　—应交教育费附加　　799.5

(18) 月末将12月份的收入、成本、费用和结转到"本年利润"账户。

其会计分录为:

借:主营业务收入　　235,000
　　其他业务收入　　30,000
　　贷:本年利润　　265,000

借:本年利润　　　　153,490.80
　　贷:主营业务成本　103,475.80
　　　　其他业务成本　20,150.00
　　　　税金及附加　　4,665.00
　　　　销售费用　　　8,000.00
　　　　管理费用　　　16,800.00
　　　　财务费用　　　400.00

借 本年利润 贷
⑱ 153,490.80 | ⑱ 265,000

本年利润账户是用来核算企业当期实现的净利润,其贷方登记各种收入类账户的转入数,借方登记费用类账户的转入数,余额若在贷方,表示收入>费用(盈利);若在借方表示收入<费用(亏损)。

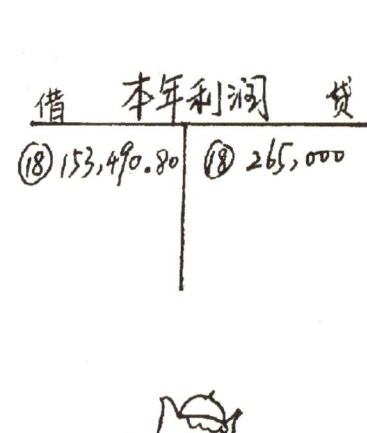

哈,经济业务⑱做完后,发现企业本月利润=265,000-153,490.80=111,509.20(元)
而所有收入类账户、费用账户的金额都已转到了"本年利润"账户,余额均为"0"。
于是有余额账户都是资产、负债、所有者权益账户。

资产 = 负债 + 所有者权益(收入-费用=利润)
    (负债)

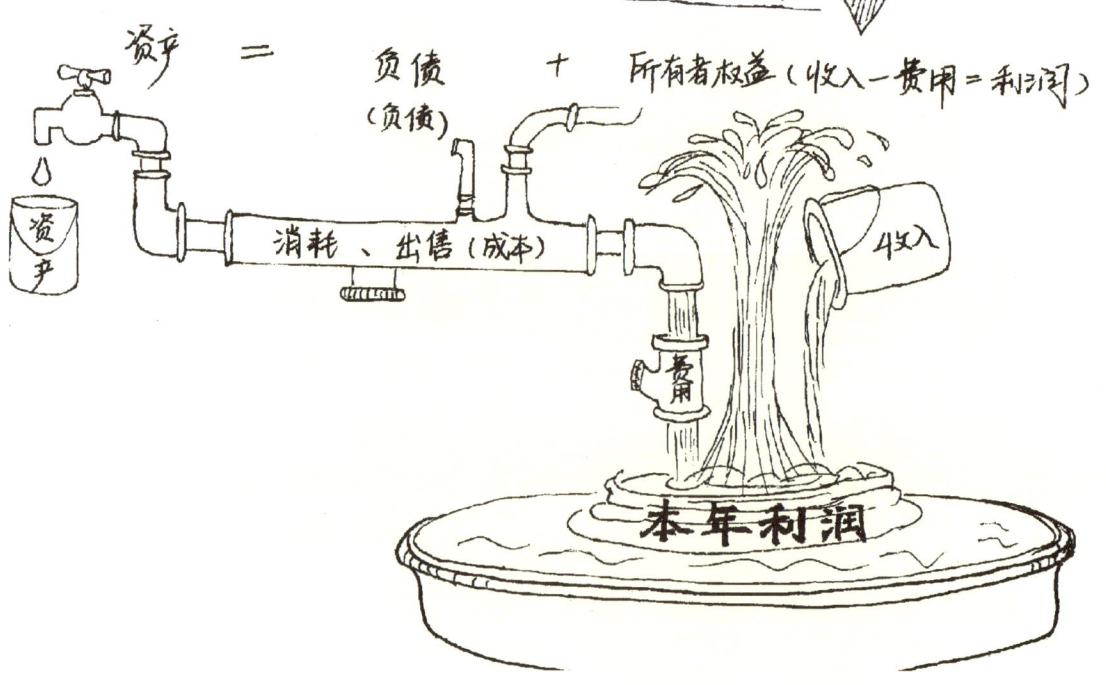

第七场 财务成果：利润形成和分配的核算

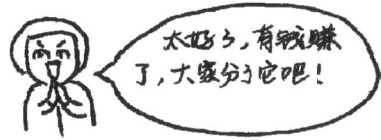

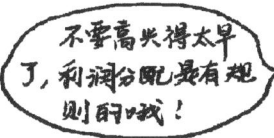 

一、财务成果及其构成

定义：财务成果又称为利润，是指企业在一定会计期间最终实现的经营成果。

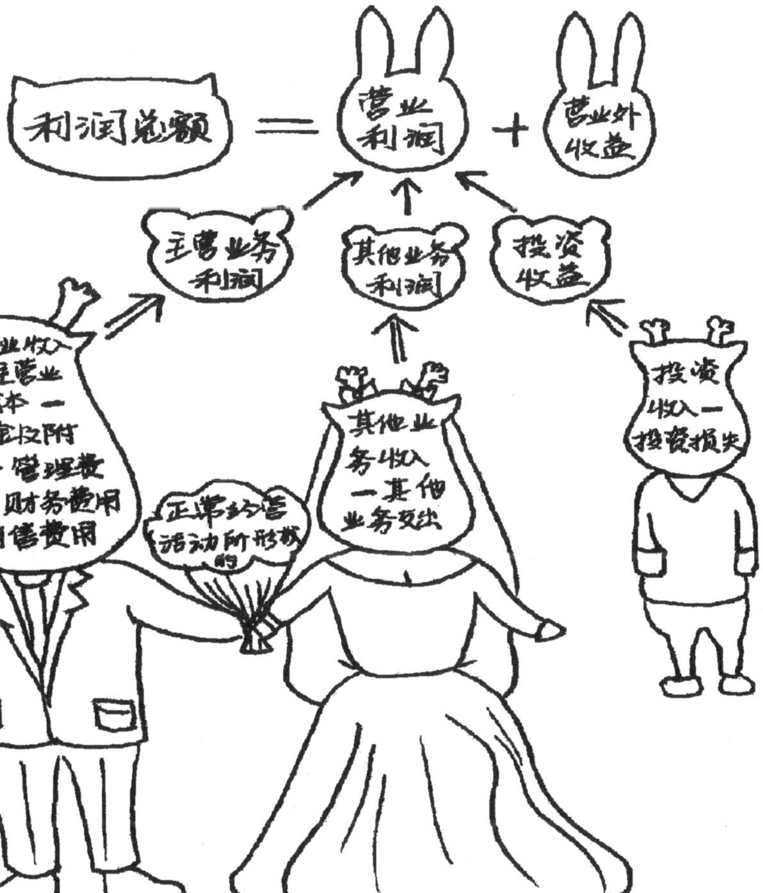

$$利润总额 = 营业利润 + 营业外收益$$

营业利润 = 主营业务利润 + 其他业务利润 + 投资收益

- 主营业务利润 = 主营业收入 - 主营业成本 - 税金及附加 - 管理费用 - 财务费用 - 销售费用
- 其他业务利润 = 其他业务收入 - 其他业务支出
- 投资收益 = 投资收入 - 投资损失

（正常经营活动所形成的）

97

净利润 = 利润总额 - 所得税费用

再悲剧一下：
所得税是在所得环节上应交纳的税收，包括企业所得税与个人所得税。在此，我们主要介绍企业所得税的汁算，个人所得税一般在汁算职工薪酬时涉及。

具体请参照：企业所得税法 个人所得税法

二、财务成果的主要业务核算

(一) 账户的设置

（费用类）

借 营业外支出	贷
与非正常经营活动有关的支出	结转"本年利润"账户金额
期末余额 0	

（收入类）

借 营业外收入	贷
结转"本年利润"账户金额	与非正常经营活动有关的收入
	期末余额 0

（费用类）

借 所得税费用	贷
本期发生的所得税	结转"本年利润"账户金额
期末余额 0	

（所有者权益类）

借 利润分配	贷
从"本年利润"账户转入的亏损金额；利润分配金额	从"本年利润"账户转入的盈利金额
期末余额如果在借方表示：期末尚未弥补的亏损	期末余额如果在贷方表示：期末未分配利润

(二) 账务处理

上接生产过程业务

(19) 假定本公司12月份还取得投资收益12,116元，营业外收入4,000元，营业外支出3,000元，款项均已收付。

则会计分录为：

借：银行存款　　16,116
　贷：投资收益　12,116
　　　营业外收入　4,000

借：营业外支出　　3,000
　贷：银行存款　　3,000

借	本年利润	贷
⑱ 153,490.80		⑱ 265,000
㉑ 3,020.00		⑳ 16,116
㉒ 31,162.90		
㉔ 93,468.90		

为方便理解，还是将前面的"银行存款"账户与"本年利润"账户内容抄过来。
(强调：在实务过程中是不需要的哦～)

借	银行存款	贷
4,167,000		① 128,700
⑫ 99,450		⑨ 75,000
⑬ 30,000		⑯ 252,000
⑭ 28,500		⑲ 3,000
⑮ 35,100		
⑲ 16,116		

借	营业外支出	贷
⑲ 3,000		⑳ 3,000
本期发生额合计 3,000		本期发生额合计 3,000
期末余额 0		

借 投资收益 贷		借 营业外收入 贷	
⑳ 12,116	⑲ 12,116	⑳ 4,000	⑰ 4,000
本期发生额合计 12,116	本期发生额合计 12,116	本期发生额合计 4,000	本期发生额合计 4,000
	期末余额 0		期末余额 0

(20) 将本月的营业外损益及投资收益结转入"本年利润"账户。

其会计分录为：

借：营业外收入　4,000
　　投资收益　　12,116
　贷：本年利润　16,116 → 登记相关账户

同时

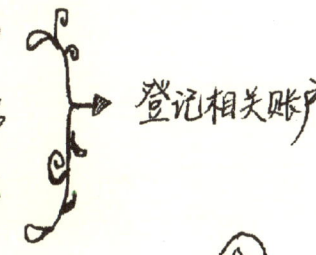
（会计人员在计算税收）

借：本年利润　3,000
　贷：营业外支出　3,000 → 登记相关账户

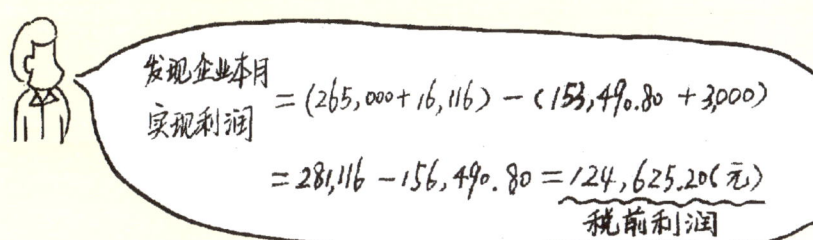

发现企业本月实现利润 = (265,000 + 16,116) − (153,490.80 + 3,000)
= 281,116 − 156,490.80 = 124,625.20（元）
　　　　　　　　　　　税前利润

(21) 如果税前利润刚好等于按税法要求计算的应纳税所得额，税率为25%，则：

应纳所得税额 = 124,625.20 × 25% = 31,156.30(元)（税款下个月初交纳）

其会计分录为：

借：所得税费用　　　　　31,156.30
　贷：应交税费——应交所得税　31,156.30

借	所得税费用	贷
㉑ 31,156.30		㉒ 31,156.30
本期发生额合计：31,156.30		本期发生额合计：31,156.30
期末余额 0		

(22) 将所得税费用转入"本年利润"账户，则：

借：本年利润　　　31,156.30
　贷：所得税费用　31,156.30

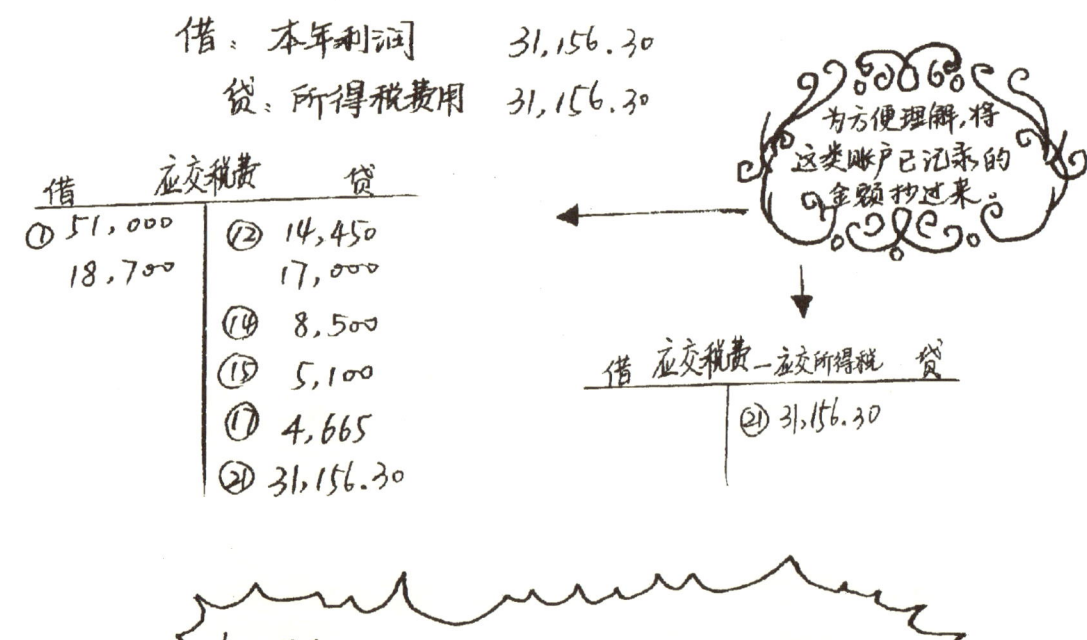

借	应交税费	贷
① 51,000		⑫ 14,450
18,700		17,000
		⑭ 8,500
		⑮ 5,100
		⑰ 4,665
		㉑ 31,156.30

为方便理解，将这类账户已记录的金额抄过来

借	应交税费——应交所得税	贷
		㉑ 31,156.30

企业税后净利润 = 124,625.20 − 31,156.30 = 93,468.90(元)

二、利润分配的核算

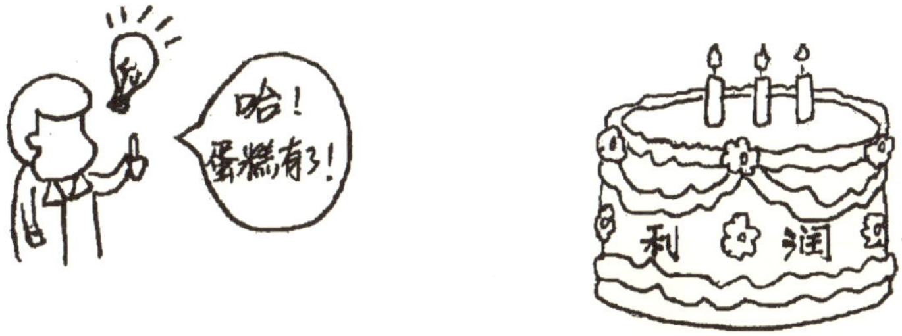

(一) 利润分配的顺序

企业取得的净利润,应当按照国家规定和董事会决议进行分配,一般是按①~④的顺序分配:

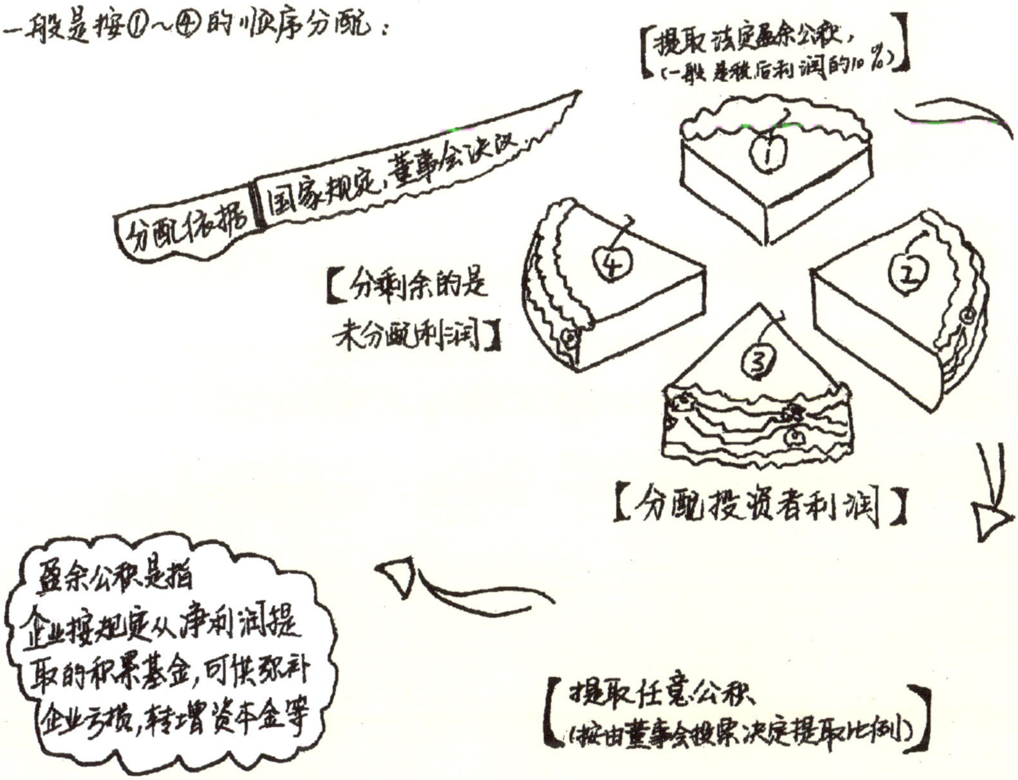

【分配依据:国家规定、董事会决议】

【提取法定盈余公积,(一般是税后利润的10%)】①

② 【提取任意公积,(按由董事会投票决定提取比例)】

③ 【分配投资者利润】

④ 【分剩余的是未分配利润】

盈余公积是指企业按规定从净利润提取的积累基金,可供弥补企业亏损,转增资本金等。

(二) 账户设置

（负债）

借	应付股利	贷
已支付的利润	按规定提取的应付未付利润	
	尚未支付的利润	

借	盈余公积	贷
减少的公积金	实际提取的公积金	
	期末实际结存数	

(三) 账务处理

(23) 假定按当年实现的净利润提取10%的法定盈余公积，按当年实现的净利润的5%提取任意盈余公积，宣布分配投资者利润为50,000元。

其会计分录为：

借：利润分配——提取法定盈余公积　　9,346.89
　　　　　　——提取任意公积　　　　4,673.45
　　　　　　——应付股利　　　　　50,000.00

贷：盈余公积——提取法定盈余公积　　9,346.89
　　　　　　——提取任意公积　　　　4,673.45
　　应付股利　　　　　　　　　　50,000.00

借	利润分配	贷
㉓ 9,346.89	㉔ 93,468.90	
4,673.45		
50,000.00		

借	盈余公积	贷
	㉓ 9,346.89	
	4,673.45	

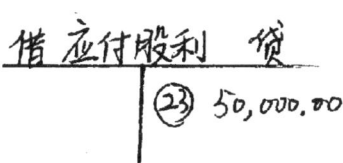

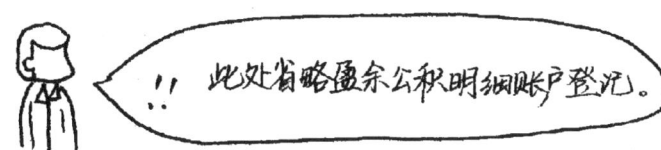

此处省略盈余公积明细账户登记。

(24) 年末将本年利润转入"利润分配"账户，
则会计分录为：

借：本年利润　　　93,468.90
　贷：利润分配　　　93,468.90

第四幕 财产清查保安全

在会计核算过程中，若是从会计分录、账户进行清查，只能做到数据之间的核对，但是保证账面数据与实际相符才是核算的最高境界。还要进行财产清查，并对财产清查的结果进行会计处理。

财产清查是：通过对库存现金和各项资产物资的实地盘点，以及对银行存款和债权债务的查询核对，确定其实存数以查明账存数与实存数是否相符的一种方法。

一、财产清查的种类与目的

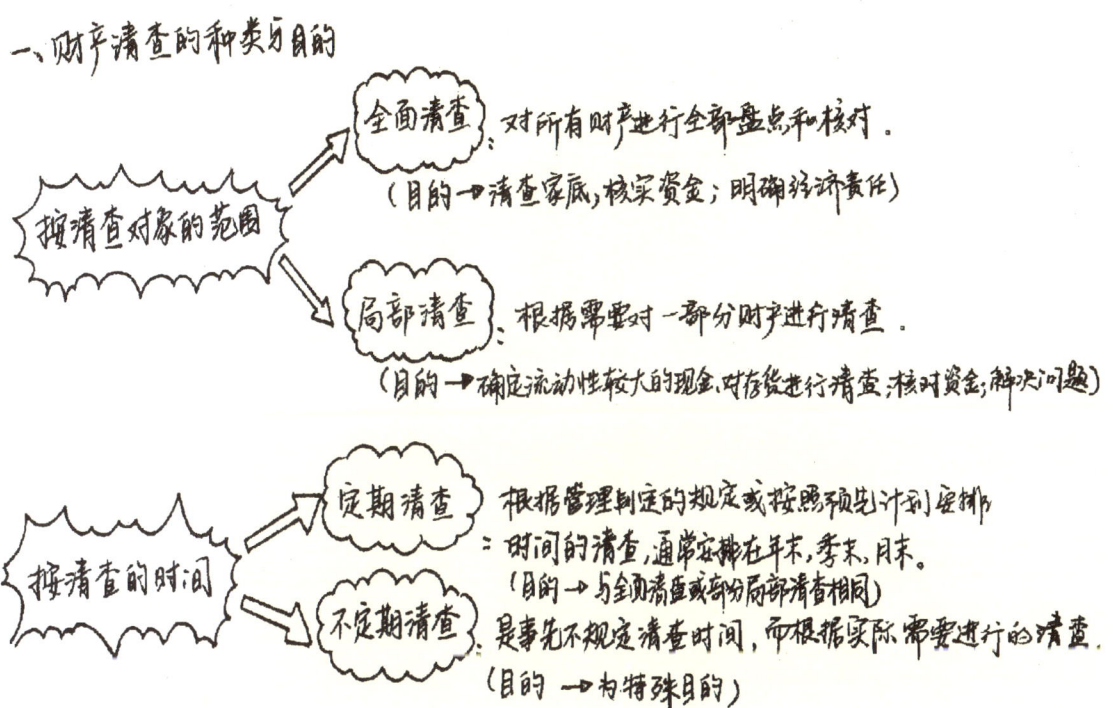

二、财产清查的组织与方法

（一）组织准备

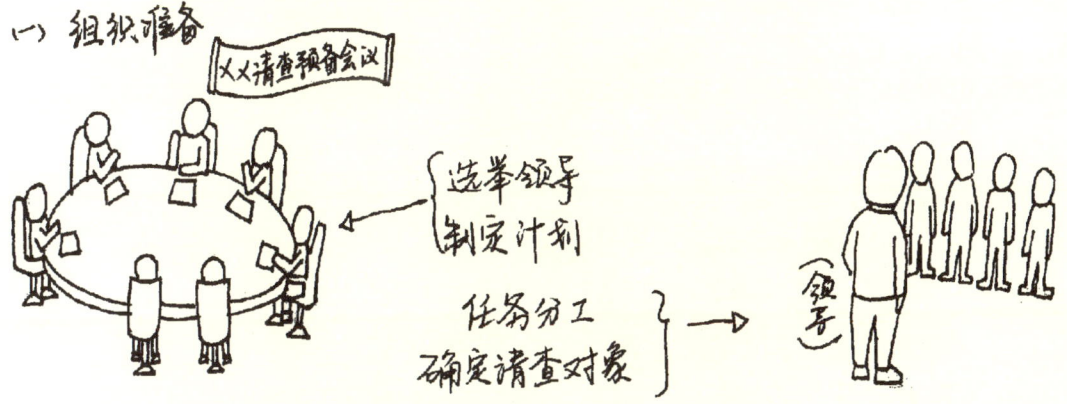

(二) 业务准备

(1) 检查和汇清账目。

(2) 分类整理实物。

(3) 准备必备和必要的度量衡器具。

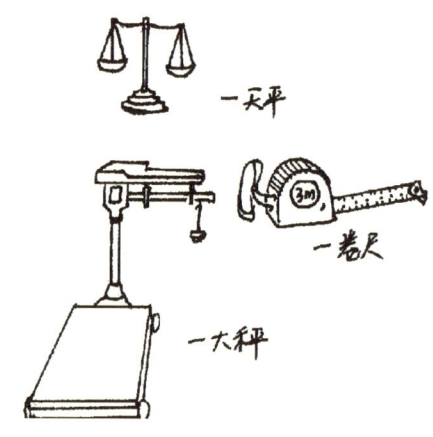
—天平
—卷尺
—大秤

(三) 货币资金的清查

货币资金 是指企业以货币形态存在的资产,包括:

① 库存现金(存放在企业财务部门的人民币与外币)。

② 银行存款(存放在银行财务部门及其他金融机构结算账户中的货币资金)。

③ 其他货币资金(除上述两项以外的货币资金)。

1. 库存现金的清查

是用实地盘点的方法,清点现钞,确定人民币与外币的实存数。

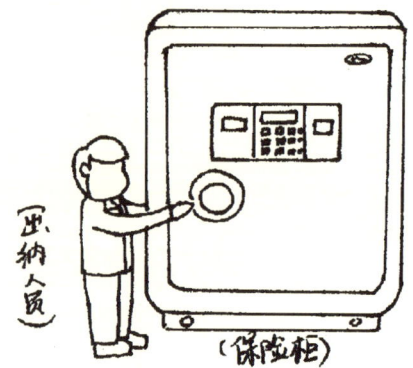
(出纳人员)
(保险柜)

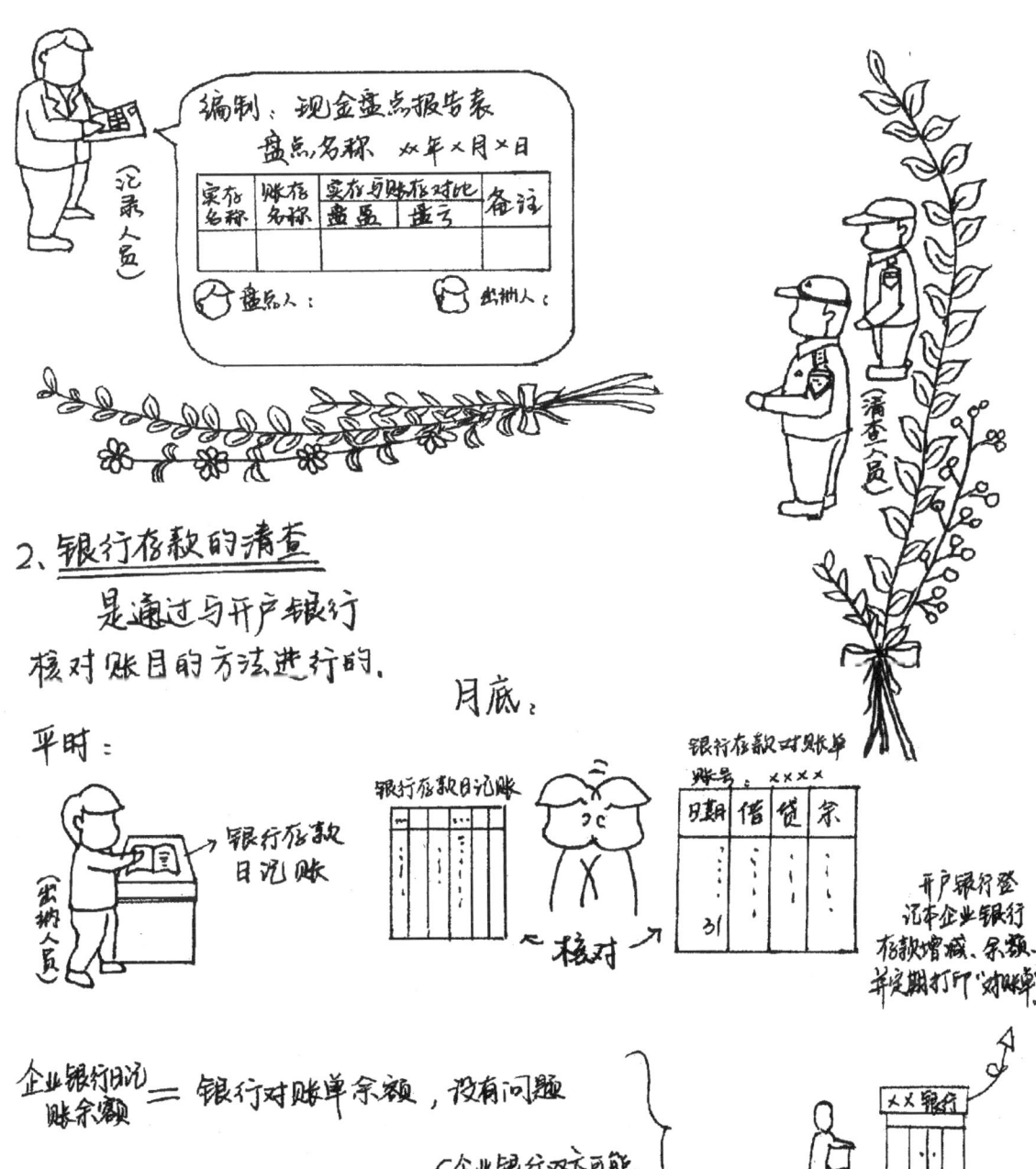

2、银行存款的清查

是通过与开户银行核对账目的方法进行的。

平时：

月底：

企业银行日记账余额 ＝ 银行对账单余额，没有问题

企业银行日记账余额 ≠ 银行对账单余额 （企业银行双方可能有错，双方改错后，若余额还不相等，则就可能有未达账项存在。）

未达账项：
　　是由于结算凭证传递过程中的时间差异，造成企业与银行之间，一方已登记入账，而另一方尚未入账的款项。

分为四种情况：

① 企业已收款入账，而银行尚未入账。
　　（简称：企已收，银未收）

② 企业已付款入账，而银行尚未入账。
　　（简称：企已付，银未付）

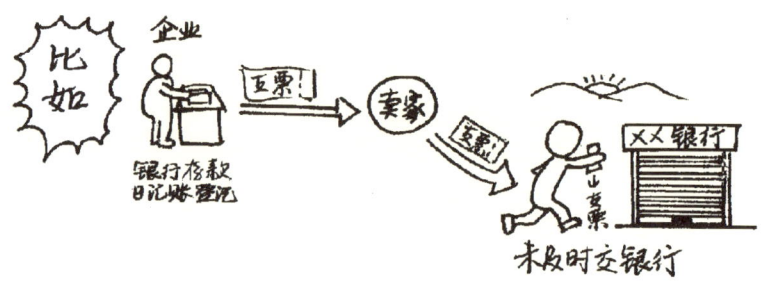

③ 银行已经收款入账，
而企业尚未入账的款项。
（简称：银已收，企未收）

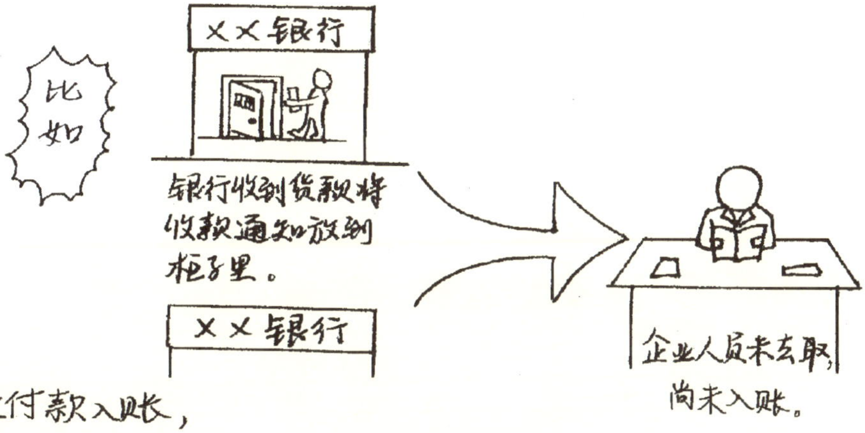

比如

××银行

银行收到货款将收款通知放到柜子里。

××银行

企业人员未去取，尚未入账。

④ 银行已经付款入账，
而企业尚未入账的款项。
（简称：银已付，企未付）

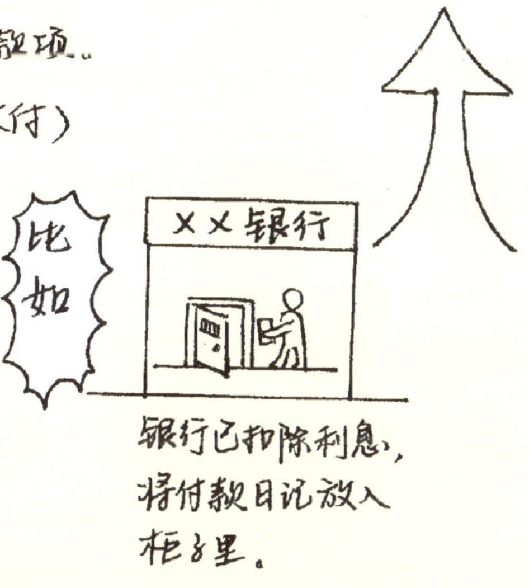

比如

××银行

银行已扣除利息，将付款日记放入柜子里。

那怎么知道企业银行存款日记账余额与银行对账单余额不符是因为未达账项，而不是出错呢？

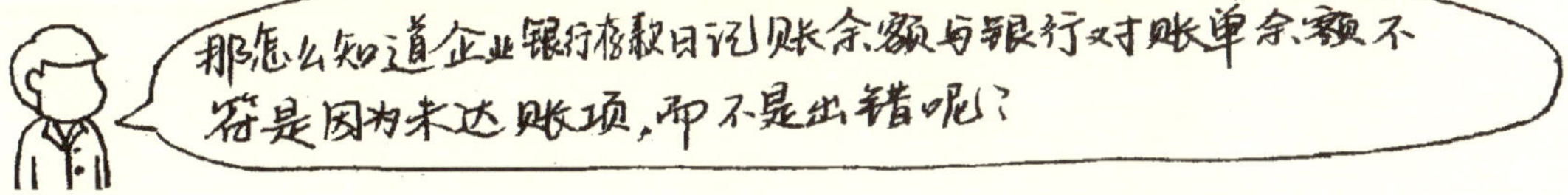

> 可以编一个银行存款余额调节表试试。

表格如下：

银行存款余额调节表

20××年 ×月 ×日

项目	金额	项目	金额
银行存款日记账余额 加：银已收，企未收。 减：银已付，企未付。		银行对账单余额 加：企已收，银未收。 减：企已付，银未付。	
调节后余额		调节后余额	

如果调节后余额相等则说明企业银行存款日记账余额与银行对账单余额不符是由于未达账项，如果不等则说明是出错了！

举例：

假定公司20××年5月1日"银行存款"账户余额680,000元，5月发生下列收付业务：

银行存款日记账

5月31日 余额 ≠

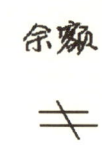

银行对账单

销售员做的

银行存款日记账

年 月	日	摘要	结算凭证 种类	号数	收入	支出	余额
5	1	月初余额					680,000
	2	偿还欠款	转支	648		100,000	580,000
	6	收回货款			58,600		638,600
	8	销售产品			35,100		673,700
	12	提现	现支	302		1,000 ✓	672,700
	18	支付电话费	转支	649		5,000 ✓	667,700
	20	支付购料款				58,500	609,200
	22	支付购料款	转支	650		93,600 ✓	515,600
	25	提现	现支	303		36,000 ✓	479,600
	27	收回货款			60,000		539,600
	28	支付修理费	转支	651		15,000 ✓	524,600
	29	销售产品			46,800		571,400
	30	预付保险费	转支	652		12,000	559,400
	31	收回货款			100,000 ✓		659,400
	31	代垫运费	转支	653		2,000 ✓	657,400
	31	购入设备	转支	654		220,000	437,400
	31	本月合计			300,500	543,100	<u>437,400</u> 0

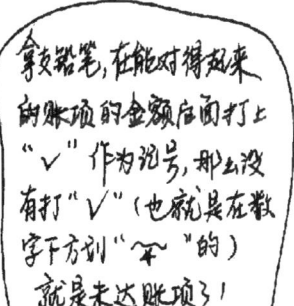

拿支铅笔,在能对得起来的账项的金额后面打上"✓"作为记号,那么没有打"✓"(也就是在数字下方划"✗"的)就是未达账项了!

银行电脑记录

银行对账单

年月	日	摘要	结算凭证种类	号数	存入	支出	余额
5	1	期初余额					680,000
	2	付甲公司	转支	648		100,000	580,000
	6	收丙公司	委收		58,600		638,600
	8	收销货款	进账单		35,100		673,700
	12	付现金	现支	302		1,000	672,700
	20	付丁单位	信汇			68,500	614,200
	20	付电话费	转支	649		5,000	609,200
	25	付现金	现支	303		36,000	573,200
	26	付甲公司	转支	650		93,600	479,600
	26	收丙单位	信汇		60,000		539,600
	29	付修理费	转支	651		15,000	524,600
	30	收销货款	进账单		46,800		571,400
	31	收回欠款	商业		100,000		671,400
	31	垫付运费	转支	653		2,000	669,400
	31	支付电费	托收			2,000	667,400
	31	托收款划回	托收		65,000		732,400

找出未达账项后，就可以据此编制银行存款余额调节表了！

银行存款余额调节表
20XX年 5月 31日 （单位：元）

项目	金额	项目	金额
企业银行存款日记账余额	437,400	银行对账单余额	732,400
加：银收，企未收	65,000	加：企收，银未收	0
减：银付，企未付	2,000	减：企付，银未付	12,000 22,000
调节后余额	500,400	调节后余额	500,400

注意：这张调节表不能作为做账的依据哦！

调节后，余额相等。嗯，确实我记错了！

3. 实物资产的清查

不同的企业根据自己的存货情况，采用不同的存货管理制度。

(1) 永续盘存制：

也称为"账面盘存制"，是平时都要在账簿中连续地记录存货的增加数、存货的减少数，并及时根据账簿记录，计算期末各项财产物资账面结余数的一种存货管理制度。

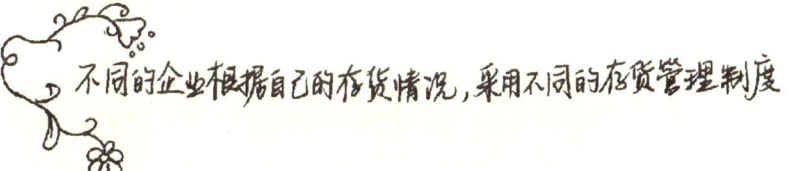
哎，前面登记原材料库存商品总账明细账时，不就是这么做的！

(2) 实地盘存制：

又称为"定期盘存制"，是指平时在账簿中，只连续地记录存货的增加数，但不记减少数，到期末则通过实地盘点，确定各项财产物资的实物数量，并据此计算此发出数的存货管理制度。其计算公式为：

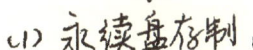
本期减少数 = 期初余额 + 本期增加金额 − 期末实地盘点金额

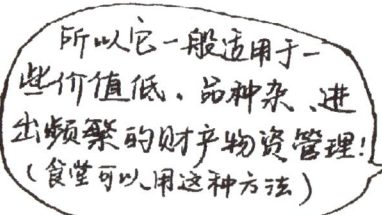

无论采用永续盘存制、实地盘存制，期末一般都会进行存货清查，以保证账实相符。

按清查结果编制实存账存对比表，作为调整账簿记录的依据。

实存账存对比表

单位名称　　　　　年 月 日　　　　编号

序号	名称	规格型号	计量单位	单价	实存		账存		实存与账存对比		备注
					数量	金额	数量	金额	盘盈	盘亏	
金额合计：											

盘点人：（签字）　　　　　　　会计：（签字）

4. 往来款项清查

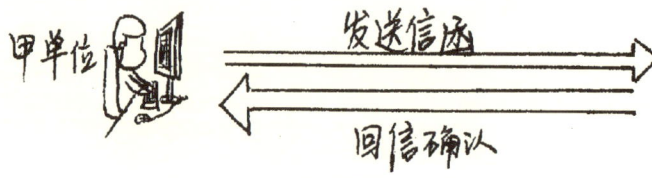

三、财产清查结果的账务处理

(一) 财产清查结果有三种情况
① 实存数 = 账存数：正确
② 实存数 > 账存数：盘盈
③ 实存数 < 账存数：盘亏

按实存数调整账存数，以做到账实相符

(二) 财产清查结果的处理

由于发现问题到最后处理问题需要很长一段时间进行原因调查，提请各级负责人批复。因此，财务处理要分为两步进行：
① 发现问题，审批前。
② 审批之后。

因此，需要设置"待处理财产损溢"账户。

借	待处理财产损溢	贷
发生待处理财产物资盘亏毁损的增加		发生待处理财产物资的盘盈增加
结转已批准处理的盘盈数		结转已批准处理的盘亏与毁损数
若在"借方"表示盘亏与毁损大于盘盈数		若在"贷方"表示盘盈大于盘亏数

双重性质账户，平时一般放在资产类。

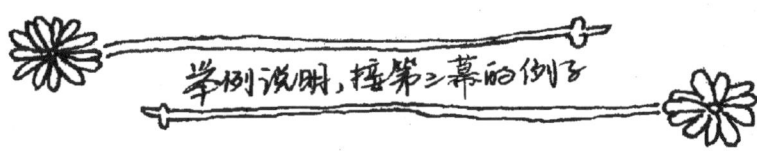

举例说明，接第二幕的例子

(24) 假定企业在财产清查中发现 盘盈 A材料 3千克 单价成本 303元/千克 共计 909元
盘亏 B材料 5千克 单价成本 403元/千克 共计 2015元

在批准之前，根据"实存账存对比表"：

借：原材料—A材料 909
　　贷：待处理财产损溢 909

同时

借：待处理财产损溢 2015
　　贷：原材料—B材料 2015

抄过前面来看的是账户

借 原材料 贷
③ 120,900　㉔ 2,015
㉔ 909

借 原材料—A材料 贷
数量 单价 金额　数量 单价 金额
③ 100 303 30,300
㉔ 3 303 909

经过长时间的调查发现（已到下年度），上述材料的盘盈，属对方单位多发（且对方单位不要本单位偿还），批准作为营业外收入，B材料的盘亏是由于仓库保管员失误所致，应由仓库保管员赔偿，则下年度的会计分录（注意：不作为本年度记录了）将是：

借：待处理财产损溢 909
　　贷：营业外收入 909

同时

借：其他应收款—保管员 2,015
　　贷：待处理财产损溢 2,015

借 原材料—B材料 贷
数量 单价 金额　数量 单价 金额
③ 200 403 80,600　⑮ 50 403 20,150
㉔ 5 403 2,015

借 待处理财产损溢 贷
㉔ 2,015　㉔ 909

那以后怎么处理呢？

登记有关账户

未来处理时需登记的内容：

借 营业外收入 贷
（××）909

借 其他应收款 贷
（××）2,015

借 待处理财产损溢 贷
(20) 2,015　(24) 909
(××) 909　(××) 2,015

←[将发现盘亏盘盈时已登记账户找出来]

登记完毕后，"待处理财产损溢"账户的余额为零！

会计准则

第五幕 会计凭证打基础

会计凭证

会计凭证作为一种证明文件,是记录经济业务的发生和完成情况,明确经济责任,作为记账依据的书面证明。

在会计实务中,为保证会计信息的客观性,要求经济数据进入会计信息系统必须真实、可靠、可验证。

那就是书面证明——会计凭证啰!

一、原始凭证

1. 含义

所谓原始凭证是记录经济业务的发生或完成,明确经济责任,作为记账依据的原始证明文件。

比如
①

审核无误,付现金

填写报销单

出差回来报销

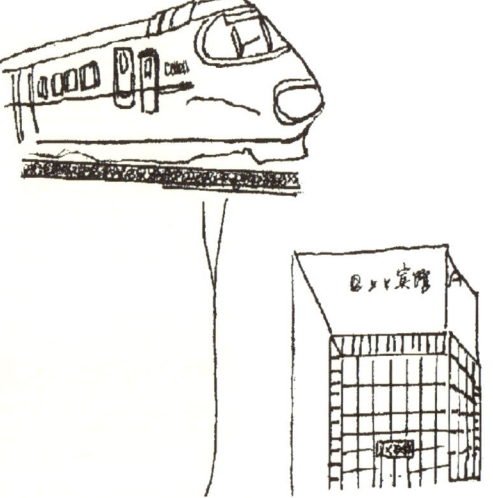

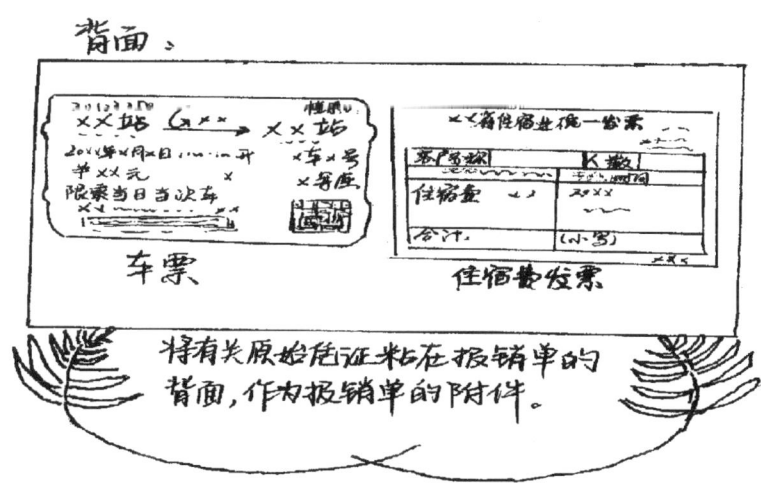

将有关原始凭证粘在报销单的背面，作为报销单的附件。

比如：
② 企业用转账支票购买原材料一批，总价20,000元（不含税），假定采购费用为零，材料已验收入库。会计人员收到三张原始凭证：

a. 原材料入库单　　b. 对方单位开立的销售发票　　c. 本单位用支票支付后留下的存根

（上述三张凭证，都属于原始凭证）。

a. 入库单

仓库编号： 20××年12月1日　　编号：

材料编号	名称	规格	计量单位	数量		金额		第三联 记账联
				票面	实际	单价	金额	
2001	煤炭		吨	200	200	100	20,000	
合计			吨	200	200	100	20,000	
用途	××××							

仓库保管员：　　仓库部门负责人：　　车间或部门：

c.

```
××银行
转账支票银存
AA
01   36825379
科目 _____
对方科目 _____
出票日期：20××年12月1日
收款人： ×××
金额： 23,400.-
用途：货款
```

b. ××增值税专用发票

3300033145　　发票联

开票日期　　×年×月×日　　No.00001234

销货单位	名称	×××				税务登记号					3300015645						第二联 购货方记账凭证
	地址、电话	×××				开户银行及账号					工商开户支行×××						
货物或应税劳务名称	规格型号	计量单位	数量	单价	金额						税率(%)	金额					
						万	千	百	十	元	角	分		万	千	百	十	元	角	分
×××						2	0	0	0	0	0	0	17		3	4	0	0	0	0
合计						2	0	0	0	0	0	0		¥	3	4	0	0	0	0
价税合计	×拾贰万叁仟肆佰零元零角零分 ¥23,400.-																			
备注	××××××																			
购货单位	名称	×××			税务登记号			×××××												
	地址、电话	×××			开户银行及账号			×××××												

销货单位(章)： 　收款人：×××　复核：×××　开票人：×××

2. 原始凭证的分类

(1) 按不同的来源渠道分类
- 外来原始凭证：如：由外单位人员填写的，比如，由各税务部门或银行印制的统一发票及单据等。
- 自制原始凭证：本单位人员填制的凭证（如：材料入库单、领料单等，内部凭证格式可以自己设计）。

(2) 按使用的次数分类
- 一次凭证：指一张凭证上，只能填写一项或多项业务但一次填写完成的凭证。
- 累计凭证：指在一定时期内，可多次使用记录重复发生的经济业务的凭证，如企业的限额领料单。
- 汇总原始凭证：指为便于记账，将一定时间内同类经济业务的若干张原始凭证进行汇总反映的凭证，如材料领用汇总表。

具体的格式请参考有关的书籍。

3. 原始凭证的填制与审核

(1) 原始凭证的填制.

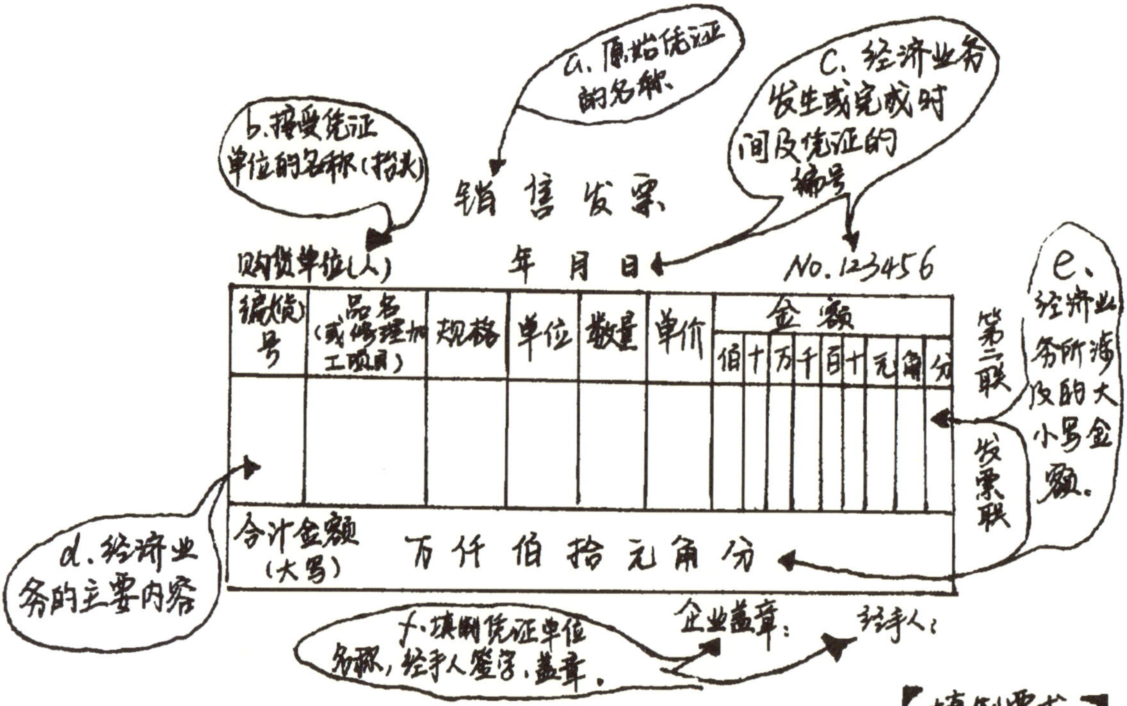

- a. 原始凭证的名称.
- b. 接受凭证单位的名称（抬头）
- c. 经济业务发生或完成时间及凭证的编号
- d. 经济业务的主要内容
- e. 经济业务所涉及的大小写金额.
- f. 填制凭证单位名称，经手人签字、盖章.

销售发票

购货单位（人）　　年　月　日　　No.123456

编号	品名（或修理加工项目）	规格	单位	数量	单价	金额（佰十万千百十元角分）

合计金额（大写）　万仟佰拾元角分

企业盖章：　经手人：

第二联　发票联

【填制要求：真实、完整、准确、及时】

(2) 原始凭证的审核.

【审核要求：真实性、合法性、合理性】

二、记账凭证

1. 含义

记账凭证是会计人员根据审核无误的原始凭证编制的,用以分类反映会计要素增减变化,确定会计分录,作为登记账簿依据的书面证明文件。

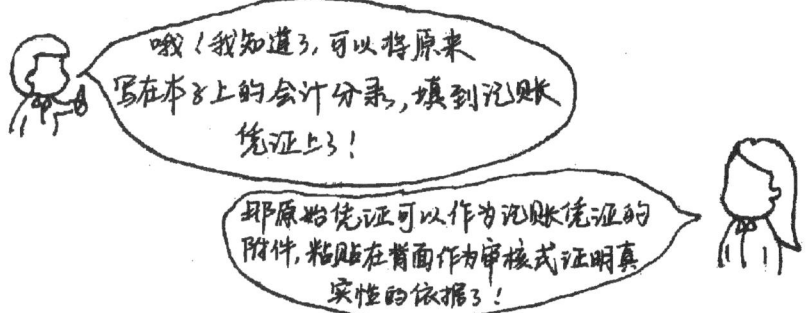

2. 记账凭证的格式及填制

(1) 单式记账凭证是把一项经济业务所涉及的账户分别按借贷方向登记在借项凭证和贷项记账凭证上。

如果是经济业务a → 企业用银行存款23,400元,购入原材料——c材料@20元,共1000件,增值税额3,400元,货款已用支票支付,原材料已验收入库。
(涉及原始凭证两张,其中一张是支票存根,还有一张是对方单位开出的增值税发票)

借项记账凭证

对应账户:银行存款   20××年×月×日   凭证编号:a1/3

摘要	总分类账户	明细分类账户	金额	记账	附件1张
购买原材料	原材料	(c材料)	20,000		

财务主管:☒ 记账:☒ 出纳:☒ 复核:☒ 制证:☒

借项记账凭证

对应账户：银行存款　20××年×月×日　凭证编号：a⅓

摘要	总分类账户	明细分类账户	金额	记账
购买原材料	应交税费	应交增值税（进项税额）	3,400	

附件：见a⅓张

财务主管：☒　记账：☒　出纳：☒　复核：☒　制证：☒

贷项记账凭证

对应账户：原材料　20××年×月×日　凭证编号：a⅔

摘要	总分类账户	明细分类账户	金额	记账
购买原材料	银行存款		23,400	

附件1张

财务主管：☒　记账：☒　出纳：☒　复核：☒　制证：☒

> 上述单式记账凭证的编制，其实就是将一笔业务所涉及的会计分录，登记到不同的记账凭证上。其优点是便于分工协作，各张不同凭证之间的联系由 a⅓、a⅔、a³⁄₃ 的带分数连接起来。其中，a表示经济业务的号数；分母表示这笔业务所涉及的记账凭证张数；分子表示这张凭证在该笔业务中的顺序。

(2) 复式记账凭证：

是一项经济业务所涉及的账户，登记在一张记账凭证上。

复式记账凭证
- 通用式 —— 所有业务登记在一种格式的记账凭证上。
- 专用式
  - 收款凭证 —— 只登记借方是库存现金与银行存款的业务。
  - 付款凭证 —— 只登记贷方是库存现金与银行存款的业务。
  - 转账凭证 —— 只登记借贷双方均不是库存现金与银行存款的业务。

那么借贷两方都是库存现金与银行存款的业务登记？

只登记付款凭证。

举例：仍用前面例8。

记账凭证

第 一 号
20××年×月×日   附件 二 张

摘要	总账科目	明细科目	借方金额 十万千百十元角分	记账符号	贷方金额 十万千百十元角分	记账符号
购买原材料	原材料	C材料	20000 00			
	应交税费	应交增值税	3400 00			
	银行存款				23400 00	
合计			用 23400 00		¥ 23400 00	

会计主管：　　记账：　　复核：　　出纳：　　制证：

若用通用式记账凭证。

若用专用式记账凭证，则应登记付款凭证。

付款凭证

贷方科目：银行存款　　20××年×月×日　　付字第 一 号　附件 二 张

对方单位	摘要	借方科目		金额	记账符号
		总账科目	明细科目	十万千百十元角分	
	购买原材料	原材料	C材料	2 0 0 0 0 0 0	
		应交税费	应交增值税（进项税额）	3 4 0 0 0 0	
银行结算方式及票号：			合计	¥2 3 4 0 0 0 0	

会计主管：✓　记账：××　复核：××　出纳：✓　制证：××

> 若有空白处，划对角线划掉吧！下面都按此处理。

如果是经济业务b → 收到对方单位前欠货款10,000元，并存入银行（银行汇票1202号）。若企业采用通用式记账凭证就同上例a，但如果采用专用式记账凭证，就要登记收款凭证3。

收款凭证

借方科目：银行存款　　20××年×月×日　　收字第 一 号　附件 上 张

对方单位	摘要	贷方科目		金额	记账符号
		总账科目	明细科目	十万千百十元角分	
	收回欠款	应收账款	××单位	1 0 0 0 0 0 0	
银行结算方式及票号：银汇1202号			合计	¥1 0 0 0 0 0 0	

会计主管：✓　记账：××　复核：××　出纳：✓　制证：××

> 如果是经济业务C ⇒ 将C材料1,000元，用于厂部行政管理部门。（附件1张领料单）
> 若企业采用通用式记账凭证，填写方式同上例a，但如果采用专用式记账凭证，就要登记转账凭证了！

转账凭证
20××年×月×日　　　　转字第_号
附件１张

摘要	总账科目	明细科目	借方金额 十万千百十元角分	记账符号	贷方金额 十万千百十元角分	记账符号
厂部领料	管理费用		1 0 0 0 0 0			
	原材料	C材料			1 0 0 0 0 0	
合　计			￥1 0 0 0 0 0		￥1 0 0 0 0 0	

会计主管：×× 　记账：××× 　复核：×× 　制证：×××

让我们来小结一下吧！

① 不同格式的记账凭证，均可以买到。一般企业采用专用式记账凭证，主要是为了汇总方便。

② 专用式记账凭证编号，可以是收款凭证1~n号，付款凭证1~n号，转账凭证1~n号。当然，收款凭证一般分为现金收款凭证，银行存款收款凭证；编号可以现收字1~n号，银收字1~n号，付款凭证也同此处理。

③ 若一笔经济业务不能在同一张记账凭证中登记，而需要在两张或三张凭证中登记，则该凭证编号可以是带分数的，比如 3½，3 2/2（涉及两张）或 3⅓，3 2/3，3 3/3（涉及三张凭证）。

④附件张数,通常按实际张数登记,如果有汇总原始凭证的,则只记1张,其他作为汇总原始凭证的附件。

还有记账符号,通常在登记账簿后打"√",或填写账户所在的账簿的页码。

三、会计凭证的装订及保管

1、会计凭证的装订

将所有 { 收款凭证 / 付款凭证 / 转账凭证 } 及后面所附的原始凭证按1~n号排列。

装订时,如果该企业每月凭证 { 很多 / 不多 },可以 { 分三类凭证装订。/ 或将三类凭证合并装订,并每一本都装上封面后再装订。}

装订后:

会计凭证装订封面			
凭证种类	收·付·转	附	科目汇总表 ×张
所属时间	20××年度12月份		银行存款对账单 ×张
起订时期	自××日至××日止	订	银行余额调节表 ×张
装订册次	第1册共1册		出纳报告单 ×张
起订编号	一字第一号至第一号止		备用金报账单 ×张
会计主管: ××		装订: ××	

2. 会计凭证的保管

由于会计凭证是企业重要的文件，我国《会计档案管理办法》规定：当年会计档案，在会计年度终了后，可暂由本单位财务会计部门保管1年。期满后原则上应由财务会计部门保管，保管期限一般要3～25年或永久保管。

> 若借阅会计凭证，要有正规手续，原件只能复印，不能借出。

> 销毁会计凭证要等期满后经有关部门批准，在相关部门监督下销毁。

第六幕 埋头记账都有啥

一、会计账簿的含义

> 会计账簿（简称账簿）是指由具有一定格式的账页组成的，以会计凭证为依据，全面、系统、连续地记录各项经济业务的簿籍。

> 设置和登记账簿可是会计记录的专门方法之一哦，其实在前面我们就做过的。比如：登记"丁"字形账户。丁字形账户只是账户的简易格式哦！

二、账簿的种类

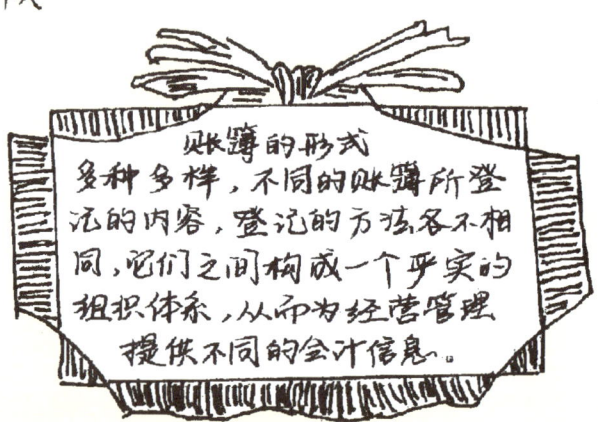

账簿的形式多种多样，不同的账簿所登记的内容、登记的方法各不相同，它们之间构成一个严实的组织体系，从而为经营管理提供不同的会计信息。

在会计实务中主要有：

一、序时账簿　　按照经济业务发生的时间先后顺序逐日、逐笔登记的账簿。

① 我国较多使用的序时账簿是 现金日记账 与 银行存款日记账。

② 明细分类账
- 三栏式 → 适合登记只需进行金额核算的账户，比如："应收账款""应付账款"。
- 多栏式 → 适合费用、收入、利润等账户，可以是借方多栏贷方多栏，也可以是借方贷方多栏。
- 数量金额式 → 适用于既要进行金额登记，又要进行实物登记的财产物资明细账，如："原材料""包装物""库存商品"等。

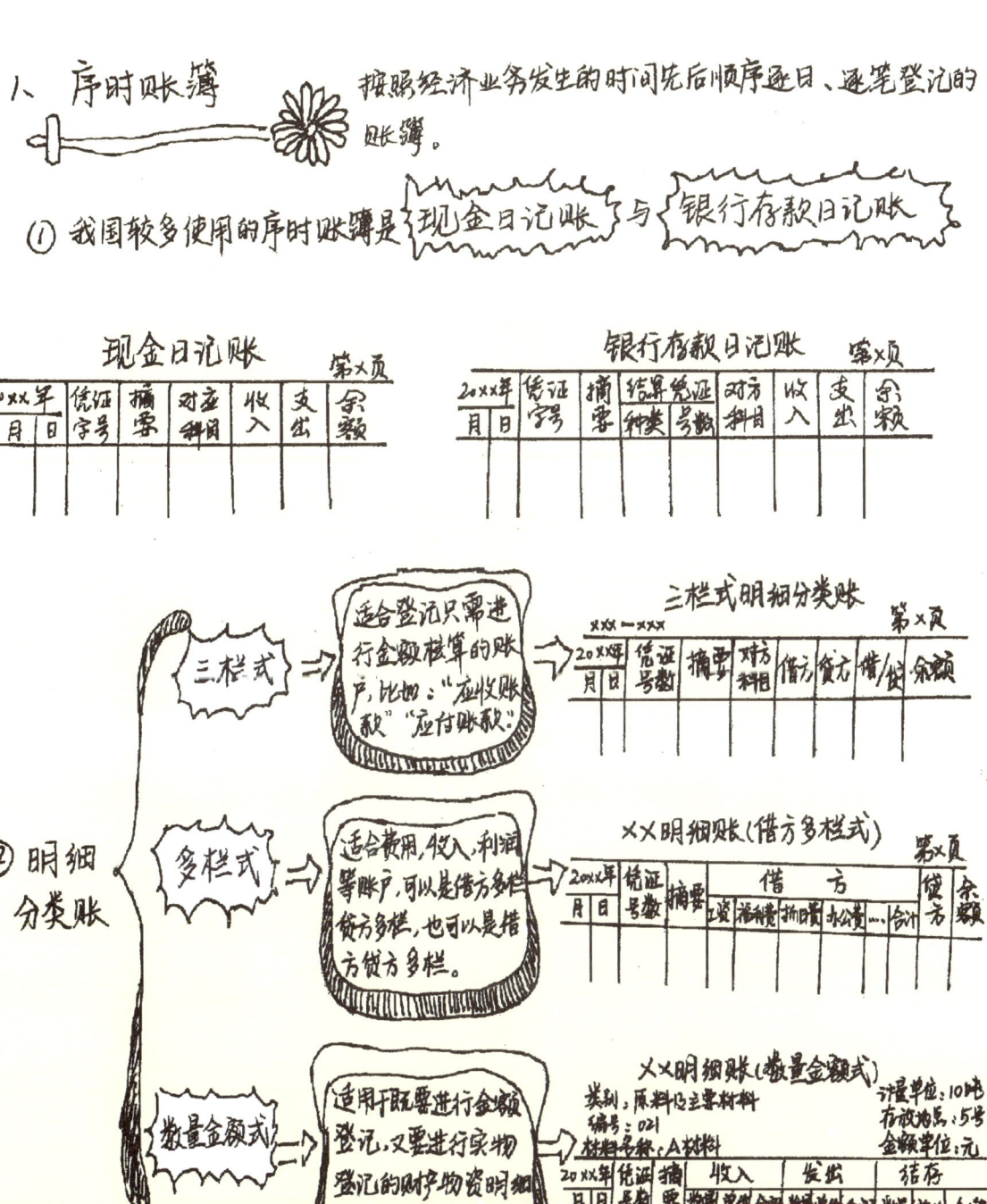

在会计实务中，设置账户时既要设置总分类账户，又要设置明细分类账户，两者之间的 内在联系：业务内容相同，原始依据相同。 区别：反映数据详细程度不同，且总账数据具有统驭作用，明细账的数据有详细的说明作用。

登记时要注意 四同
① 依据相同。
② 期间相同（总账与明细账的时间）。
③ 登记方向一致（借贷方向）。
④ 金额相等（总账金额等于所属明细账的金额的合计数）。

上述日记账簿由于涉及企业库存现金、银行存款这类流动性最强的资产，启用前就把编有顺序页码的若干账页，固定装订成册的账簿，故又称 订本式账簿。

在国外，手工记账中，用来登记全部经济业务的分录，也被称为日记账——普通日记账，需要按照每日发生的经济业务的先后顺序，逐项编制会计分录，作为过入分类账的依据。

普通日记账

20××年 月 日	业务号	摘要	会计科目	借方金额	贷方余额	过账

2. 分类账簿

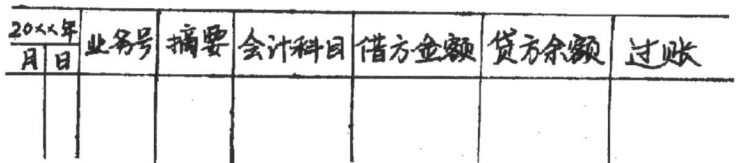

分类账簿是对经济业务分类登记的账簿

分类账簿 ──→ 总分类账簿：按总分类账户分类登记
　　　　　 ──→ 明细分类账簿：按明细分类账户分类登记

总分类账户 ──→ 三栏式（用得较多）
　　　　　　──→ 多栏式（在特定企业中用）

总分类账户可以采用订本式或活页式。

总分类账（三栏式）

会计科目：　　　　　　　　　　　第×页

20××年 月 日	凭证号数	摘要	借方	贷方	借/贷	余额

多栏式总分类账

20××年 月 日	凭证字号	摘要	发生额	现金		银行存款		应收账款		……
				借方	贷方	借方	贷方	借方	贷方	

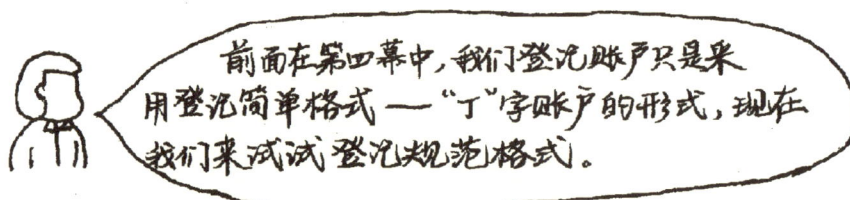

前面在第四幕中,我们登记账户只是采用登记简单格式——"丁"字账户的形式,现在我们来试试登记规范格式。

(1) 从银行提取现金5,000元,作为企业零星使用的现金。
(附件现金支票存根一张,现支#23456号)

付款凭证

贷方科目:银行存款　　　××年×月×日　　　付字第 1 号　附件 1 张

对方单位	摘要	借方科目		金额								记账符号
		总账科目	明细科目	十	万	千	百	十	元	角	分	
	提现	库存现金				5	0	0	0	0	0	✓
银行结算方式及票号:现支#23456			合计	¥		5	0	0	0	0	0	

会计主管:××× 记账:×× 复核:××× 出纳:××× 制证:×××

(出纳人员将现金存入保险箱)

(会计员根据现金支票存根编制记账凭证)

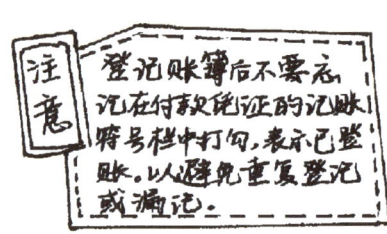

注意:登记账簿后不要忘记在付款凭证的记账符号栏中打勾,表示已登账,以避免重复登记或漏记。

现金日记账　　　　　　　　　　第1页

20××年 月 日	凭证字号	摘要	对方科目	收入	支出	余额
× 1		期初余额提现				×××
2	付字1号		银行存款	5,000		×××
⋮	⋮	⋮	⋮	⋮	⋮	⋮
× 30		本期发生额合计及期末余额	× ×	× ×	× ×	×××

> 出纳人员根据上述记账凭证及所附原始凭证登记现金日记账及银行存款日记账。

银行存款日记账　　　　　　　　第1页

20××年 月 日	凭证字号	摘要	对方科目	收入	支出	余额
× 1		期初余额				×××
2	付字1号	提现	库存现金		5,000	×××
3	收字1号	收回货款	应收账款	10,000		×××
⋮	⋮	⋮	⋮	⋮	⋮	⋮
× 30		本期发生额合计及期末余额	×××	×××	××	×××

> 会计人员根据上述付款凭证及所附原始凭证登记总分类账。

总分类账户

会计科目：库存现金　　　　第1页

20××年 月 日	凭证号数	摘要	借方	贷方	借/贷	余额
× 1		期初余额			借	×××
2	付字1号	提现	5,000		借	×××
⋮	⋮	⋮	⋮	⋮	⋮	⋮
× 30	××	本期发生额合计及期末余额	××	××	×××	×××

会计科目：银行存款　　　　第2页

20××年 月 日	凭证号数	摘要	借方	贷方	借/贷	余额
× 1		期初余额			借	×××
2	付字1号	提现		5,000	借	×××
3	收字1号	收回货款	10,000		借	×××
⋮	⋮	⋮	⋮	⋮	⋮	⋮
× 30	×××	本期发生额合计及期末余额	××	××	××	×××

"这样登记是否是重复了?"

"不会的,因为日记账与总账作用不同,期末还可以通过相互对账检验做账的正确性。"

(2) 企业为生产A产品领用甲材料50吨,单价240元。(附件是领料单1张)

(会计人员根据原始凭证编制)

转账凭证
×× 年 × 月 × 日　　转字第 × 号　附件 × 张

摘要	总账科目	明细科目	借方金额	汇账符号	贷方金额	汇账符号
领料	生产成本	A产品	12,000	✓		
	原材料	甲材料			12,000	✓
合计			￥12,000		￥12,000	

会计主管:×× 　记账:×× 　复核:×× 　制证:××

(会计人员根据审核无误的记账凭证及所附原始凭证登记总分类账及明细账)

 总分类账户

会计科目:生产成本　　第6页

20××年 月 日	凭证号数	摘要	借方	贷方	借/贷	金额
× 1 2	转1	期初余额 领料	12,000		借 借	××× ×××
× 30		本期发生额合计及期末余额	×××	×××	借	×××

会计科目:原材料　　第8页

20××年 月 日	凭证号数	摘要	借方	贷方	借/贷	余额
× 1 2	转1	期初余额 领料		12,000	借 借	××× ×××
× 30		本期发生额合计及期末余额	××	××	借	×××

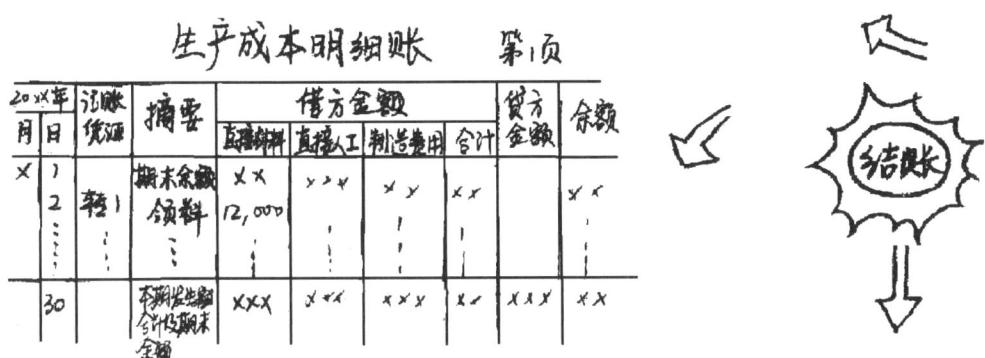

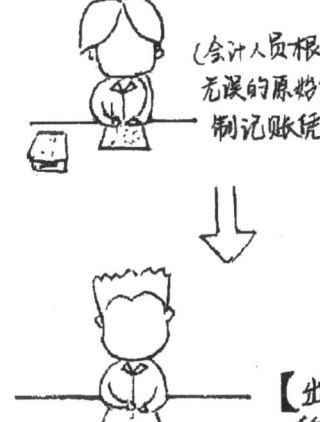

(3) 收到对方单位前欠货款10,000元，存入银行。(附件是银行汇票凭证#25号)

（会计人员根据审核无误的原始凭证编制记账凭证）

收款凭证

借方科目：银行存款		××年×月×日		收字一张 附件一张	
对方单位	摘要	贷方科目		金额	过账
		总账科目	明细科目	十万千百十元角分	符号
×××	收回货款	应收账款	一××单位	1 0 0 0 0 0 0	√
银行结算方式及票号：银行汇票				合计 ￥1 0 0 0 0 0 0	√

会计主管：××× 记账：××× 复核：×× 出纳：×× 制证：××

【出纳人员根据审核无误的记账凭证及所附原始凭证登记日记账（见前面银行存款日记账）】

三栏式明细账

应收账款——××单位　　　　　　　　　第1页

20××年		凭证号数	摘要	对方科目	借方	贷方	借/贷	余额
月	日							
×	1		期初余额				借	×××
	2	收字1号	收回债权	银行存款		10,000	借	××××
	…		…				…	
×	30		本期发生额合计及期末余额	××	××	××	×××	×××

(会计人员根据审核无误的记账凭证及所附原始凭证登记总分类账及明细分类账)

注：银行存款总账见前页

总分类账(户)

会计科目：应收账款　　　　　　　　　第9页

20××年		凭证号数	摘要	借方	贷方	借/贷	余额
月	日						
×	1		期初余额			借	×××
	2	收字1号	收回债权		10,000	借	××××
	…		…				
×	30		本期发生额合计及期末余额	××	××	借	×××

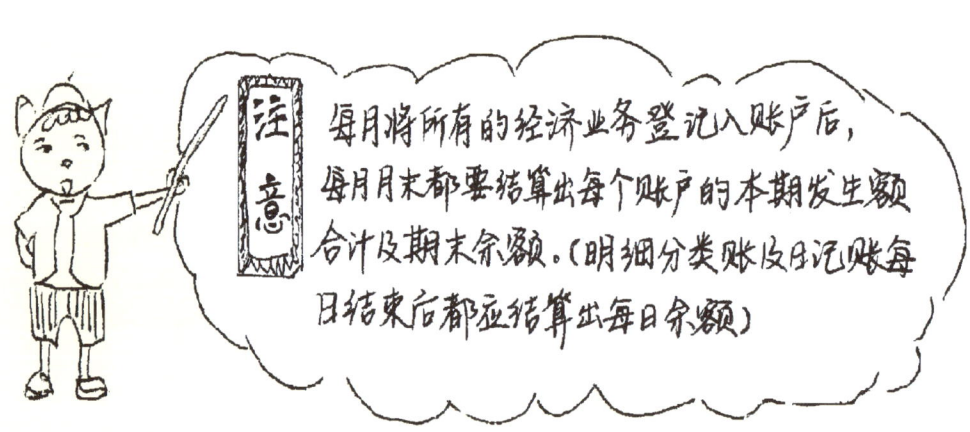

注意：每月将所有的经济业务登记入账户后，每月月末都要结算出每个账户的本期发生额合计及期末余额。（明细分类账及日记账每日结束后都要结算出每日余额）

上述不同账页串起来，再加上账簿启用表及封面，就形成了不同的账簿！所以一般企业的账簿有：

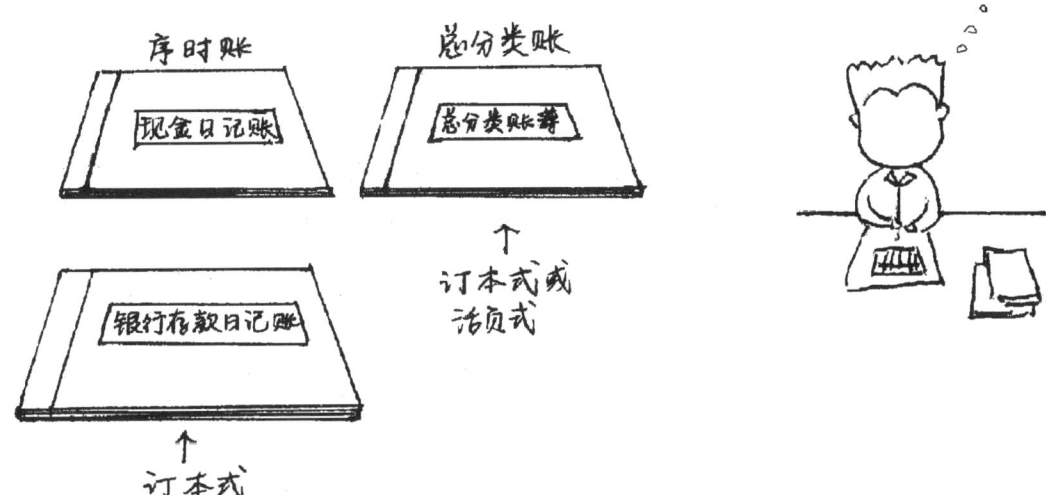

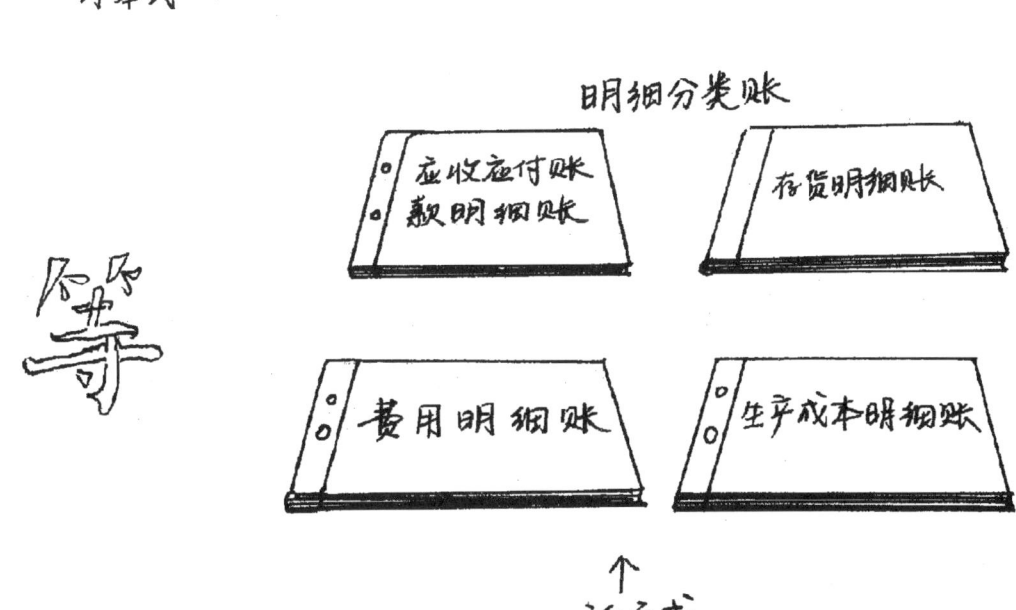

如果企业需要对固定资产 如：房屋、机器设备等 建立明细分类账簿，则一般可以采用登记卡片式明细账。即将明细账簿格式变成卡片，账簿封面变成卡片箱，可以长期使用。

固定资产明细账

卡片式明细账

三、记账技术与错账的更正方法

1、账簿的登记规则

- 登记账簿时，要数字准确，及时，完整。
- 登记完毕后，会计人员不要忘了在记账凭证上签名或盖章，并证明已登记的符号（如打"√"）。
- 一般文字与数字应占格距的1/2左右，以便留有改错的空间。
- 登账时，墨水 ← 碳素墨水。
  红色墨水（用于结账，划线，改错，冲销原账）。

不能乱用哦！

- 账户要定期结算出余额，日记账与明细账一般每天需结算出余额，并在余额栏前面的"借或贷"栏目中填写"借"或"贷"，若余额为零，则写"平"字，表示余额已结平。

2. 错账的更正方法

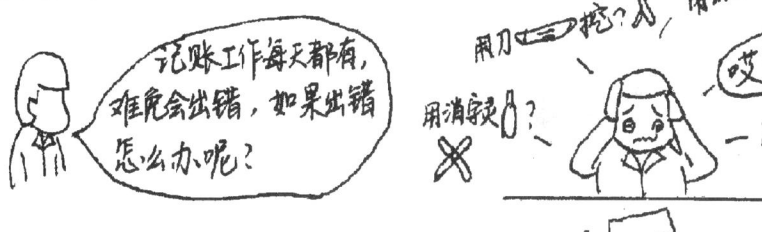

(1) 划线更正法：用划红线的方法注销原有错误记录，然后在划线上方写上正确记录的一种方法。

转账凭证
××年×月×日
转字二号
附件 一张

摘要	总账科目	明细科目	借方金额 十万千百十元角分	记账符号	贷方金额 十万千百十元角分	记账符号
赊购原材料	原材料	一批材料	5000 00	✓		
	应付账款	—×××			5000 00	✓
合计：			¥5000 00		¥5000 00	

会计主管：×× 记账：×× 复核：××× 制证：×××

会计科目：原材料　总分类账户　第×页

20××年 月 日	凭证号数	摘要	借方	贷方	借或贷	余额
×1 2	转×号	期初余额 赊购原材料	5000 25,000		借	×××

会计科目：应收账款　　　第 二 页

20××年 月 日	凭证号数	摘要	借方	贷方	借/贷	余额
×1 ×	转×号	期初余额 赊购原材料		25,000	借	××

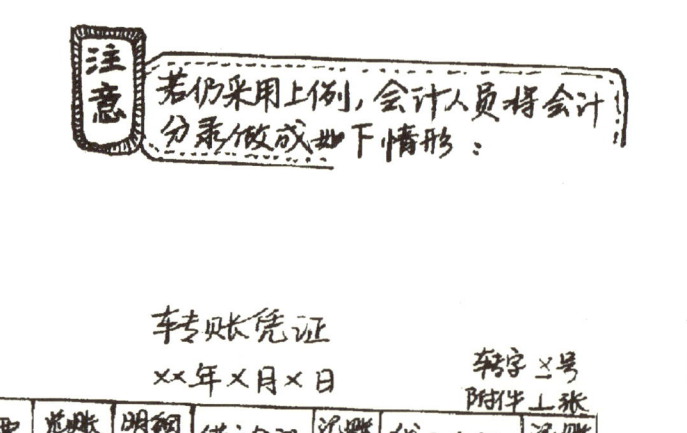

总分类账户

会计科目：应付账款　　第×页

20××年		凭证号数	摘要	借方	贷方	借/贷	余额
月	日						
×	1		期初余额			贷	××
×	×	转×号	赊购原材料		5000.-		
…	…	…	…				

> 这种方法适用于在期末结账以前，如果发现账簿中文字或数字记录有错误，而记账凭证没有错误的情形下的改错！

(2) 红字更正法：是指由于记账凭证错误而使账簿记录发生错误，而用红字冲销原有的错误记录，以更正或调整记账错误的一种方法。

注意 若仍采用上例，会计人员将会计分录做成如下情形：

转账凭证

××年×月×日　　转字×号　附单 1 张

摘要	总账科目	明细科目	借方金额	记账符号	贷方金额	记账符号
赊购原材料	原材料	—甲公司	50,000.-	√		
	应收账款	—××公司			50,000.-	√
合计：			￥50,000.-		￥50,000.-	

会计主管：×× 　记账：×× 　复核：××× 　制证：×××

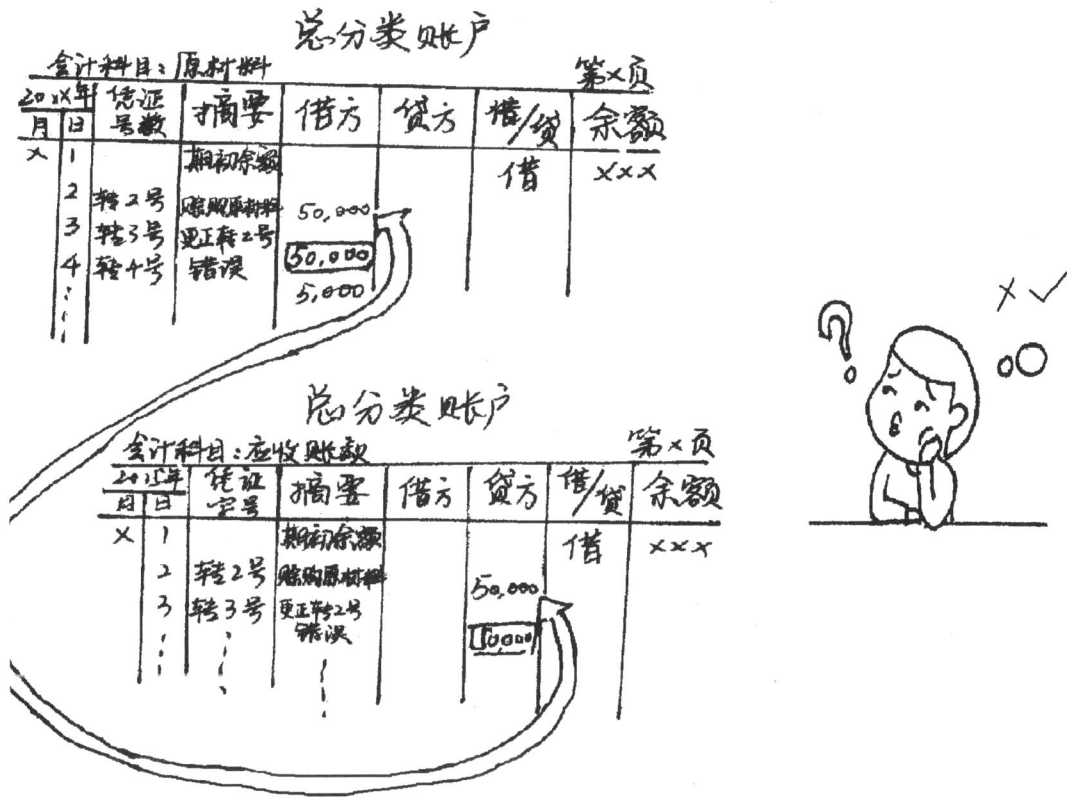

更正 → 第一步：先编制一张与错误凭证一样的记账凭证，但数据是红字的，表示对原错误凭证的冲销。

→ 并登记入账哦～

第二步：再编制一张正确的凭证，并登记入账。

记账凭证　　　　　　记字×号
　　　ⅩⅩ年×月×日　　附件２张

摘要	总账科目	明细科目	借方金额	过账符号	贷方金额	过账符号
购购回	原材料	一甲材料	5,000.-	√		
更正×月日记字×号凭证	应付账款	××公司			5,000.-	√
合计：			￥5,000.-		￥5,000.-	

会计主管：×× 　 记账：×× 　 复核：×× 　 制证：××

总分类账户
会计科目：应付账款　　　　　　第兰页

20××年 月日	凭证号数	摘要	借方	贷方	借贷	余额
× 1 ×	记×号	期初余额 更正×月×日记字×号登记凭证		5,000.-	贷	×××

如果上例会计凭证中，应借应贷的科目无错，但所记金额都大于应记金额，则也采用红字更正法。（为减少重复，下面更正改用简易方式）

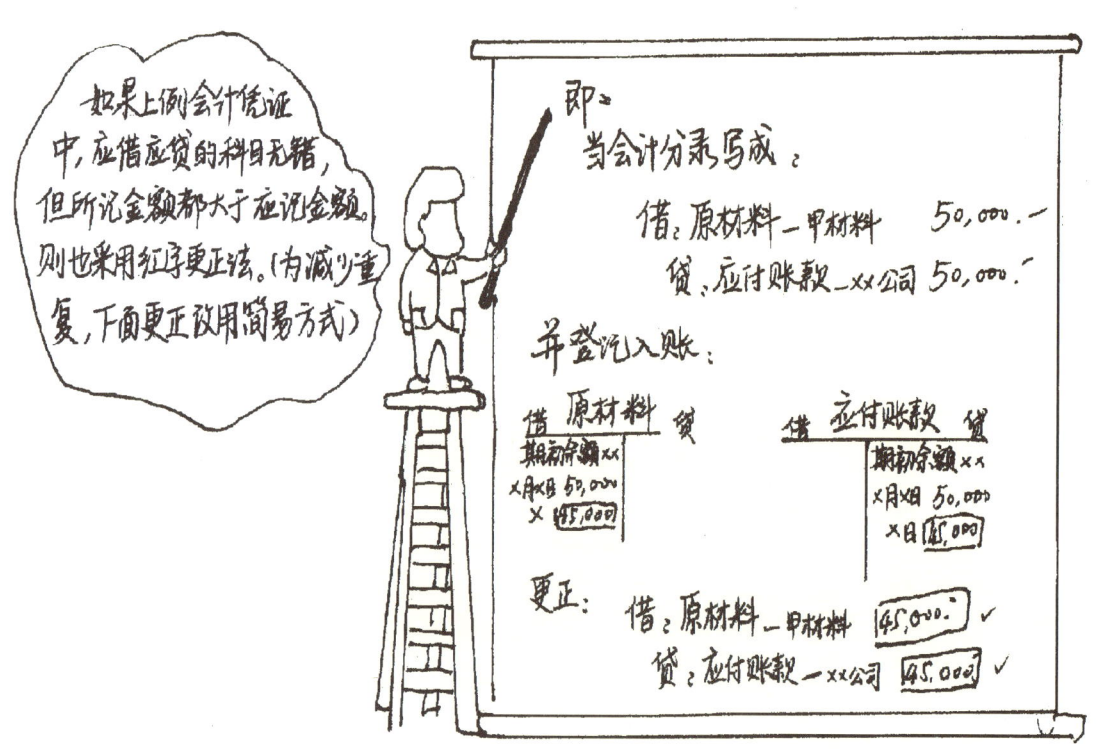

即：
当会计分录写成：
　借：原材料—甲材料　50,000.-
　　贷：应付账款—××公司 50,000.-

并登记入账：

　借 原材料 贷　　　　借 应付账款 贷
　期初余额×× 　　　　　　　期初余额××
　×月×日 50,000 　　　　　　×月×日 50,000
　×日 45,000 　　　　　　　 ×日 45,000

更正：借：原材料—甲材料 45,000.- √
　　　　贷：应付账款—××公司 45,000 √

(3) 补充登记法：如果发现账簿记录的错误是由于所依据的记账凭证中所填金额小于应记金额，而应借、应贷的会计科目并无错误，则采用此法。

仍用上例：

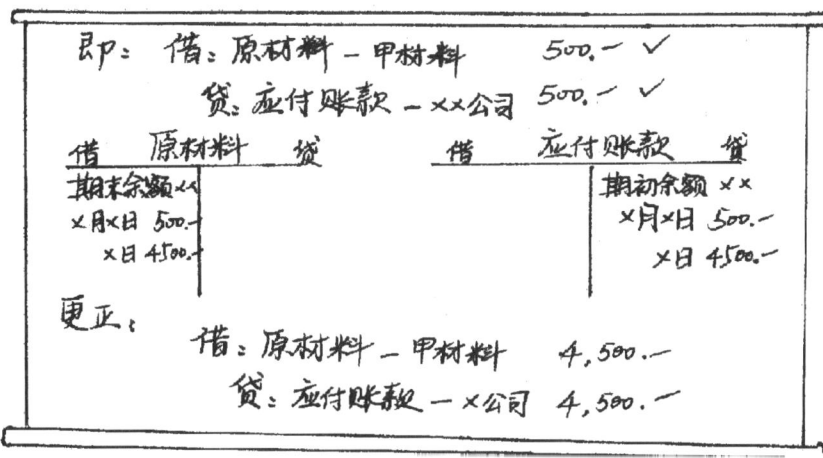

即：借：原材料—甲材料　　500.— ✓
　　　贷：应付账款—××公司　500.— ✓

| 借 | 原材料 | 贷 |　　| 借 | 应付账款 | 贷 |

期末余额××
×月×日 500.—
×日 4500.—

期初余额××
×月×日 500.—
×日 4500.—

更正：借：原材料—甲材料　　4,500.—
　　　贷：应付账款—×公司　4,500.—

3. 对账和结账

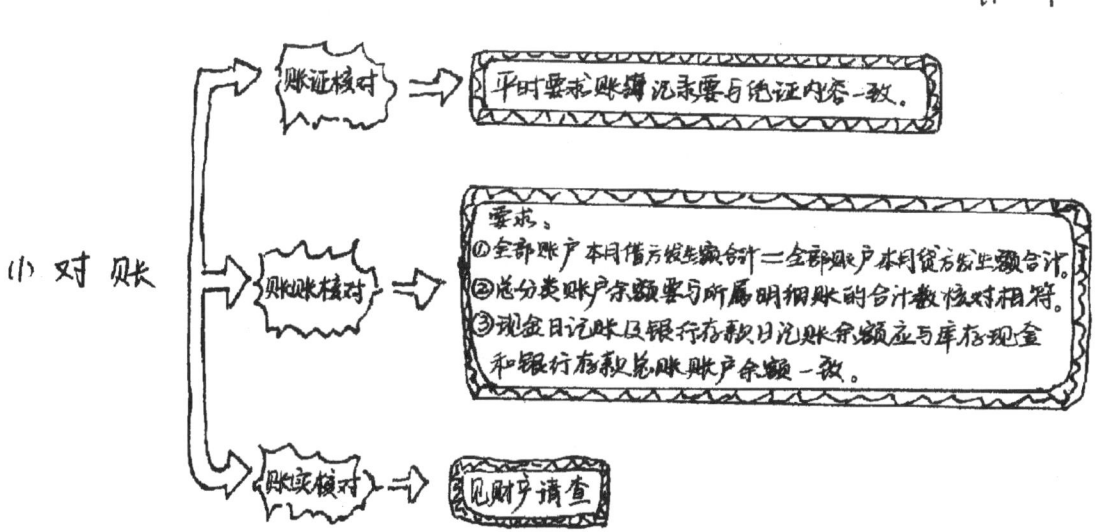

⑴ 对账

账证核对 → 平时要求账簿记录要与凭证内容一致。

账账核对 → 要求：
①全部账户本月借方发生额合计＝全部账户本月贷方发生额合计。
②总分类账户余额要与所属明细账的合计数核对相符。
③现金日记账及银行存款日记账余额应与库存现金和银行存款总账账户余额一致。

账实核对 → 见财产清查

(2) 结账 → 划红线结出本期发生额合计及期末余额，包括月结、季结和年结。

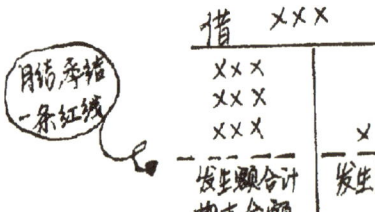
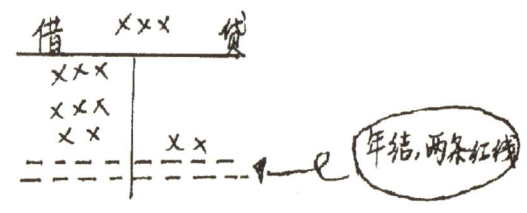

月结、季结一条红线

年结，两条红线

4、会计账簿的启用及保管

(1) 会计账簿的启用，应填写"账簿启用及交接记录表"以明确责任。

启用表有买的哦：

账簿启用及交接记录

使用单位									单位盖章		
账簿名称											
……编号											
……页数											
启用日期											
经管人员	主管			记账							
	姓名	盖章		姓名	盖章						
交接记录	日期			移交			移交			接管	
	年	月	日	职务	姓名	盖章	职务	姓名	盖章		

(2) 更换：每一个会计年度开始都应更换。

(3) 账簿保管：可参照凭证的保管哦！

第七幕 报告-出知冷暖

一、财务会计报告的含义

（是一个会计循环的最后一个阶段哦！）

是指企业对外提供的反映企业某一特定日期的财务状况和某一会计期间经营成果、现金流量等会计信息的文件。

（会计循环？）其实是会计工作的程序与步骤

① 编制记账凭证
② 登记账簿
③ 账项调整，并登账
④ 对账
⑤ 结账并登记
⑥ 编制试算平衡表
⑦ 编制会计报表

（①~②步骤是在平时已做的工作啊！③~⑦步骤应该是在会计期末做的工作！）

（哎，好像账项调整与编制试算平衡表两项前面没有提到过呢！）

账项调整是根据权责发生制会计核算基础，期末，会计人员对于部分跨期间的收入、费用进行调整而作的会计分录，包括应计收入、费用、递延收入、费用的调整分录。

（什么是应计、递延？）

149

比如：应计本月应承担的利息费用1,000元（本月已享受贷款的好处，但利息尚未支付）。

　　借：财务费用　　　　1,000
　　　贷：应付利息　　　　1,000

本月应计的劳务收入600元（已提供服务，但钱款未收入）。

　　借：应收账款　　　　600
　　　贷：其他业务收入　　600

> 应计收入与应计费用完全按权责发生制核算基础进行判断（没有原始凭证）

再比如：月末确认上月已预收的出租房屋租金2,000元（递延收入）。

　　借：预收账款　　　　2,000
　　　贷：其他业务收入　　2,000

月末摊销本月应承担的以前月份已支付的保险费300元（递延费用）。

　　借：管理费用　　　　300
　　　贷：预收账款　　　　300

> 递延收入与费用也是完全按权责发生制核算基础进行判断（没有原始凭证）

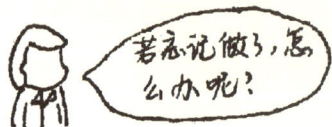

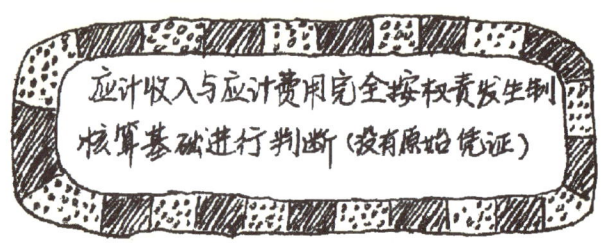

编制试算平衡表

是指每一个会计期间终了，为验证记账的正确性，需编制的表格。这个表格可以在结账前，做调整分录前编制，以预先检验自己平时做账内容的正确性，也可以在做完调整记录、结账分录，并登记入账后再编，称为调整后/结账后的试算平衡表。

其格式如下：

试算平衡表

账户名称	期初余额		本期发生额合计		期末余额	
	借方	贷方	借方	贷方	借方	贷方
合计						

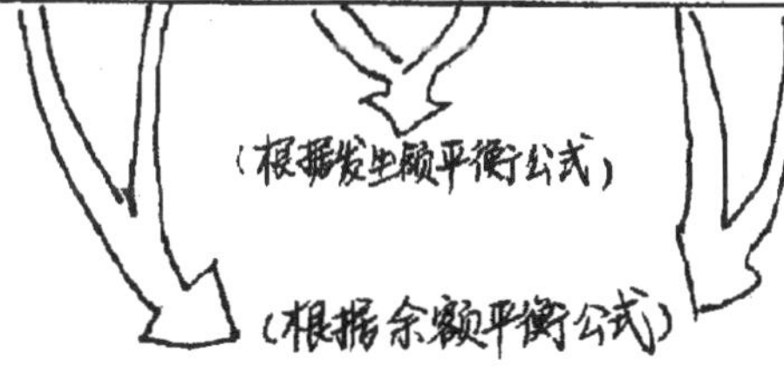

（根据发生额平衡公式）

（根据余额平衡公式）

> 试算平衡过程，俗称"轧账"，如果所有账户
> 期初/期末借方余额合计 = 期初/期末贷方余额合计
> 所有账户借方发生额合计 = 贷方发生额合计，则基本正确。

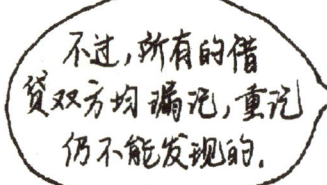

二、财务会计报告的构成

(一) 财务会计报告

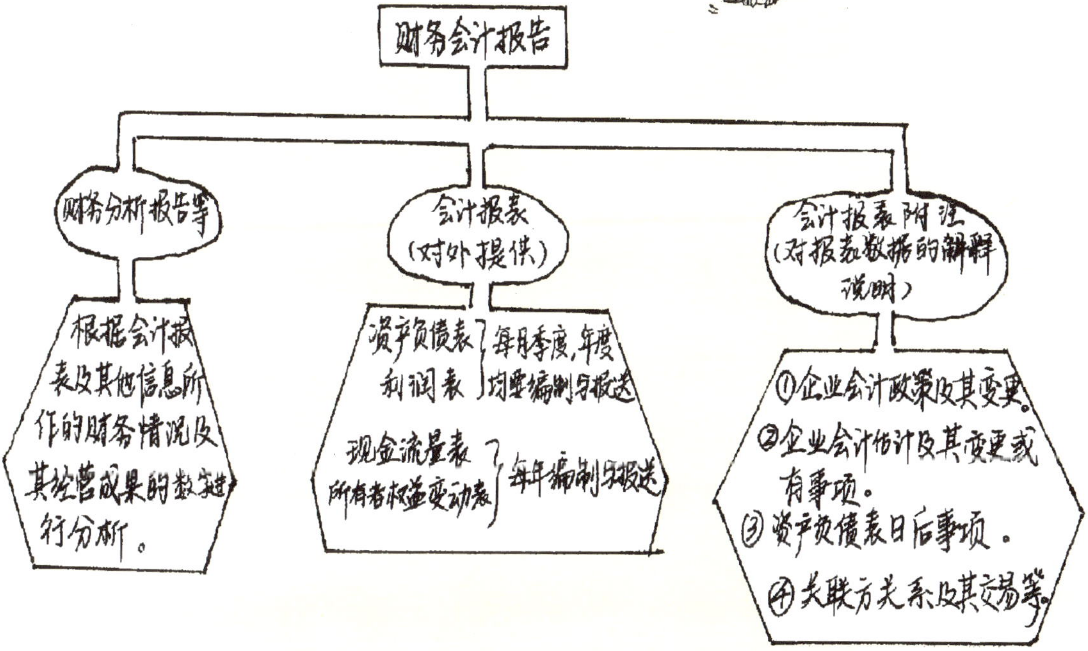

```
                    财务会计报告
        ┌──────────────┼──────────────┐
   财务分析报告等     会计报表        会计报表附注
                   (对外提供)      (对报表数据的解释说明)
```

财务分析报告等： 根据会计报表及其他信息所作的财务情况及其经营成果的数据进行分析。

会计报表：
- 资产负债表、利润表 —— 每月季度、年度均要编制与报送
- 现金流量表、所有者权益变动表 —— 每年编制与报送

会计报表附注：
① 企业会计政策及其变更。
② 企业会计估计及其变更或有事项。
③ 资产负债表日后事项。
④ 关联方关系及其交易等。

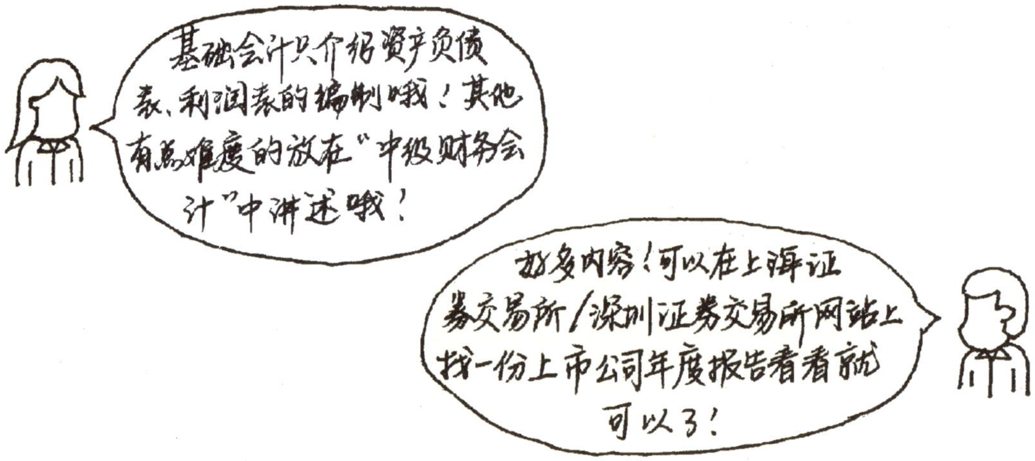

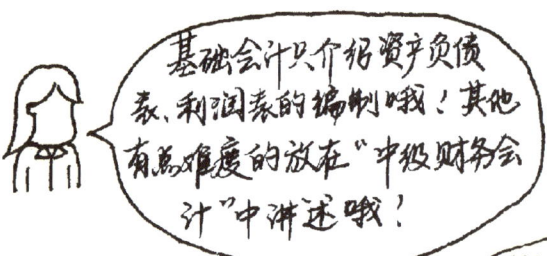

(二) 会计报表分类

```
                        会计报表
         ┌──────────┬──────────┬──────────┐
    按会计报表      按编制时间    按编制基础   按服务对象
    反映的时间
      情况
    ┌────┬────┐  ┌───┬───┬───┬───┐  ┌───┬───┬───┐  ┌───┬───┐
   静态报表 动态报表 年报 半年报 季报 月报 个别 汇总 合并  对外 对内
   (反映期末 (反映发生额)                    报表 报表 报表  报表 报表
    余额)                                (各单 (各单  (母公司
                                        位编 位简  与子公
                                        报送) 总报表) 司合
                                                    并报表)
     │      │      │    │    │    │      │    │    │     │    │
   资产   利润   每年  每半  每季  每月   对外  对外 对外  对外  只
   负债   表    度报   年报  度报  报送  报送  报送 报送  报送  对
   表          送    送    送                              内
                                                          报
                                                          送
```

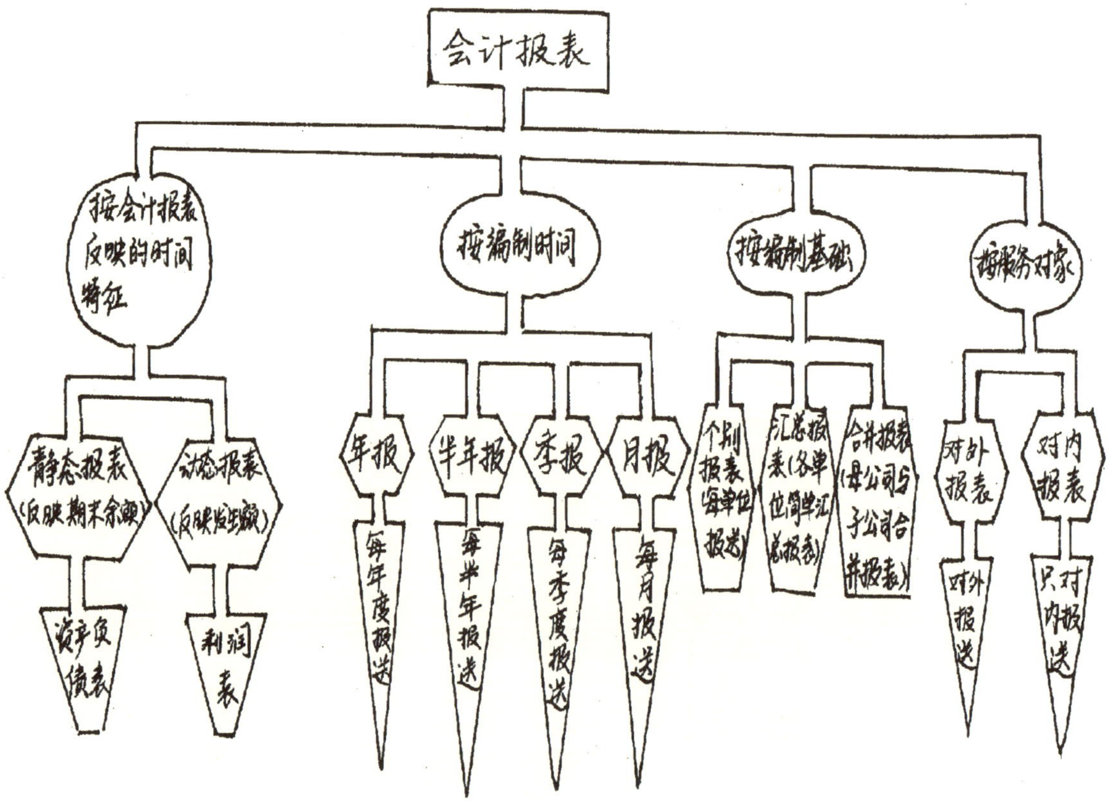

三、利润表及其编制

(一) 利润表的概念

利润表又称为损益表，是反映企业在一定会计期间及营业成果的报表。它是通过一定期间的收入与其相关的成本、费用进行配比，计算出企业一定期间的净利润（或净亏损）的表格。

理论基础：收入 - 费用 = 利润

目的：反映一个企业一定期间的获利能力、偿债能力及经营管理能力。

（管理者）压力好大呀！

(二) 利润表的格式

单步式（简单、直观，但可用于分析的数据不多）

利润表
×年×月

项目	金额
一、收入	×××
×××	×××
×××	×××
⋮	
二、费用	××
×××	
×××	
三、净利润	×××××
×××	
×××	

多步式（指标丰富，有助于分析，但计算过程相对复杂）

利润表
×年×月

项目	本期金额	上期金额
一、营业收入		
减：营业成本		
⋮		
加：×××	××	×××
二、营业利润	×××	×××
加：……		
减：……	×××	×××
三、利润总额		
减：所得税	×××	×××
四、净利润	××××	××××
五、每股收益	×××	×××

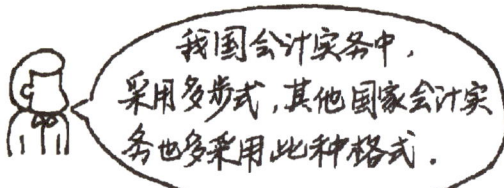

（我国会计实务中，采用多步式，其他国家会计实务也多采用此种格式。）

如果：

损益类账户发生额表

科目名称	借方发生额合计	贷方发生额合计
主营业务收入	235,000.—	235,000.—
其他业务收入	30,000.—	30,000.—
营业外收入	4,000.—	4,000.—
主营业务成本	103,449.40	103,449.40
其他业务成本	20,150.—	20,150.—
税金及附加	4,665.—	4,665.—
营业外支出	3,000.—	3,000.—
销售费用	8,000.—	8,000.—
财务费用	400.—	400.—
管理费用	16,800.—	16,800.—
所得税费用	31,162.90	31,162.90
投资收益	12,116.—	12,116.—
合计	468,743.30	468,743.30

（因为上述账户金额已经结账转入"本年利润"账户了！）

（为什么账户两边的发生额合计都一样呢？）

(三) 利润表的编列

编列要点如下：

一、利润表应根据损益类账户的本期发生额计算填列，其中：

- "营业收入"项目 → 主营业务收入账户（贷方发生数合计）+ 其他业务收入（贷方发生数合计）。
- "营业成本"项目 → 主营业务成本账户（借方发生数合计）+ 其他业务成本账户（借方发生数合计）。
- "税金及附加"项目 → 税金及附加（借方发生数合计）。
- "公允价值变动收益"项目 → 按公允价值变动损益账户（发生额变动）填列，如当期变动为收益，则填正数，如为损失，则以（一）号填写。
- "资产减值损失"项目 → 按资产减值损失账户（发生额变化）填列。
- "利润总额"项目   "净利润"项目   "投资收益"项目

如反映实现净利润（收益），按正数填列，如为亏损（损失），以"一"号填列。

> 具体请参照一般教科书报表的填写说明填列。

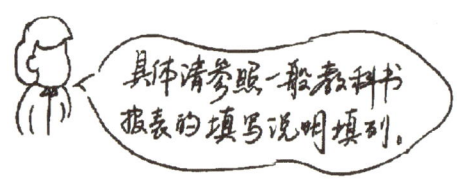
根据上述材料,就可以编制利润表啦!

利润表

编制单位：XL公司　　20XX年X月　　会企02表　单位：元

项目	本期金额	上期金额
一、营业收入	265,000.—	同咯
减：营业成本	123,599.40	
税金及附加	4,665.—	
销售费用	8,000.—	
管理费用	16,800.—	
财务费用	400.—	
资产减值损失	0	
加：公允价值变动收益（损失以"—"表示）	0	
投资收益	12,116.—	
二、营业利润	123,651.60	
加：营业外收入	4,000.—	
减：营业外支出	3,000.—	
三、利润总额	124,651.60	
减：所得税费用	31,162.90	
四、净利润	93,488.70	
五、每股收益（略）	略	

> 看来编制利润表实际是个运用利润计算公式算出净利润及相关数据的过程。

> 嗯呢,不是太难的。

158

四、资产负债表及其编制

(一) 资产负债表的概念

> 资产负债表是反映企业在某一特定日期（通常是期末）的财务状况的报表。它也称为"财务状况表"，其主要作用在于提供企业在某一时点的资产、负债和所有者权益及其相互关系的静态信息。
>
> **理论基础** ⇒ 资产 = 负债 + 所有者权益
>
> **作用** ⇒ 了解其经济资源分布状态、负债水平、权益结构等。
>
> **特点** ⇒ 主要项目按流动性大小排列哦！

(二) 资产负债表格式

资产负债表（账户式）
20XX年X月X日

资产	金额	负债和所有者权益	金额
流动资产……		流动负债	
		非流动负债	
非流动资产		所有者权益	
资产总计		负债和所有者权益总计	

资产负债表（报告式）
20XX年X月X日

项目	金额
资产	
资产总计	
负债	
负债总计	
所有者权益	
所有者权益总计	
负债和所有者权益合计	

> 两种格式好像只是将等式竖着计算与横着计算而已，没什么差别的！只是世界上采用账户式格式的国家多，我国就是采用账户式的。

(三) 资产负债表的编制要点。

(1) 资产负债表数字一般可以从有关表格和相应账户的期末金额取得，即按账户期末余额直接填制。如应收票据，短期借款等。

(2) 有的项目应根据总账账户余额加计，或相减取得的。
比如：货币资金项目=库存现金账户借方余额+银行存款账户借方余额+其他货币资金账户借方余额

存货项目=以下账户借方余额加计。在途物资、原材料、库存商品、生产成本、低值易耗品，包装物等。

固定资产净值项目=固定资产账户期末余额-累计折旧账户期末贷方余额

(3) 有的项目应根据明细分类账户余额计算填制。
如：应收账款项目　应付账款项目　预收账款项目　预付账款项目（并根据实质重于形式原则）

☆ 其他具体项目可参照一般教科书报表编制一章内容。

(四) 资产负债表的编制举例

如果还是将第三章复式记账法的运用中，20xx年x月总分类账户余额抄过来，就可以得到以下余额表。

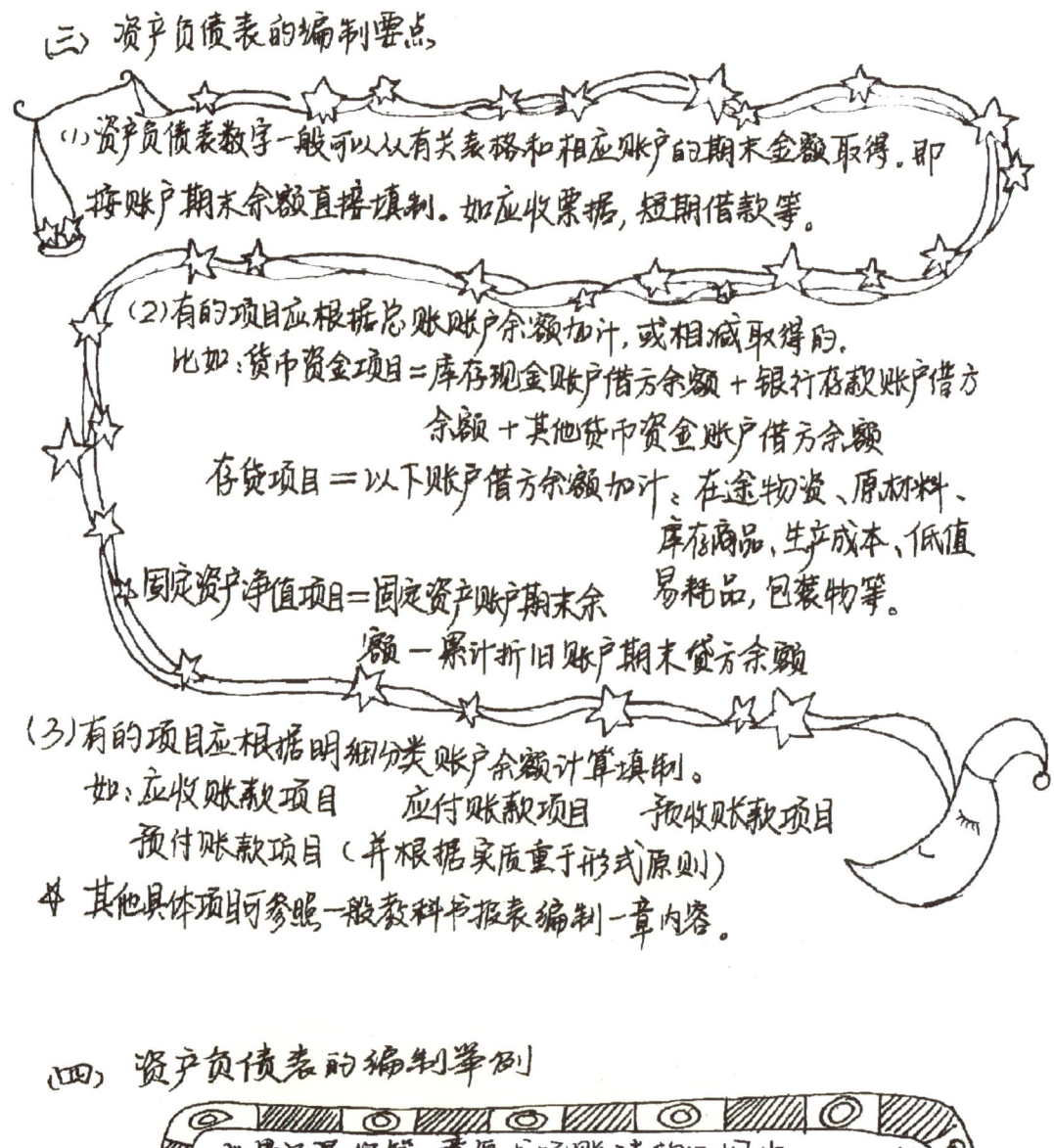

××公司科目余额表（×月30日）

科目名称	借方余额	科目名称	贷方余额
银行存款	4,496,910.-	短期借款	500,000.-
应收账款	117,000.-	应交税费	11,177.90
原材料	52,462.-	应付职工薪酬	41,260.-
库存商品	83,054.60	应付账款	1,000,000.-
固定资产	389,500.-	其他应付款	500,000.-
无形资产	2,020,000.-	应付股利	50,000.-
		累积折旧	3,000.-
		长期借款	2,000,000.-
		实收资本	2,410,000.-
		资本公积	600,000.-
		盈余公积	14,023.31
		利润分配	29,465.39
合计	7,158,926.60	合计	7,158,926.60

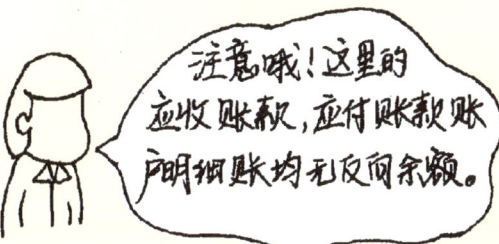

注意哦！这里的应收账款、应付账款账户明细账均无反向余额。

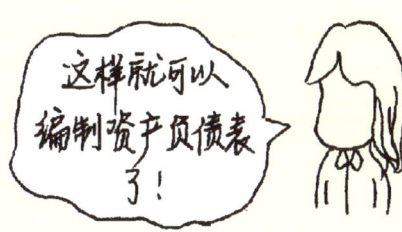

这样就可以编制资产负债表了！

资产负债表

编制单位：XX公司　　20XX年X月20日　　　　　会企01表　单位：元

资产	期末余额	年初余额	负债和所有者权益（或股东权益）	期末余额	年初余额
流动资产：		略	流动负债：		略
货币资金	4,496,910.-		短期借款	500,000.-	
交易性金融资产	0		交易性金融负债	0	
应收票据	0		应付票据	0	
应收账款	117,000.-		应付账款	1,000,000.-	
预付款项	0		预收款项	0	
应收利息	0		应付职工薪酬	41,260.-	
应收股利	0		应交税费	11,177.90	
其他应收款	0		应付利息		
存货	135,516.60		应付股利	50,000.-	
一年内到期的非流动资产	0		其他应付款	500,000.-	
其他流动资产	0		一年内到期的非流动负债	0	
流动资产合计	4,749,426.60		其他流动负债	0	
非流动资产：			流动负债合计	2,102,437.90	
可供出售金融资产	0		非流动负债：		
持有至到期投资	0		长期借款	2,000,000.-	
长期应收款	0				
长期股权投资	0		非流动负债合计	2,000,000.-	
投资性房地产	0		负债合计	4,102,437.90	
固定资产	386,500.-		所有者权益（或股东权益）：		
在建工程	0				
工程物资	0		实收资本（或股本）	2,410,000.-	
			资本公积	600,000.-	
无形资产	2,020,000.-		减：库存股	0	
			盈余公积	14,023.31	
非流动资产合计	2,406,500.-		未分配利润	29,465.39	
			所有者权益（或股东权益）合计	3,053,488.7	
资产总计	7,155,926.60	略	负债和所有者权益（或股东权益）总计	7,155,926.6	略

看来,我们只要先做好试算平衡工作,编制会计报表也就方便多了!

中小企业报表项目不多,还是很容易做的哦!

注意啦!

利润表与资产负债表中有些数据有内在联系的,这叫报表的钩稽关系,可以相互印证的哦!还有现金流量表等其他报表将在中级财务会计中涉及。

第八幕 持续经营需守规

一、账务处理程序

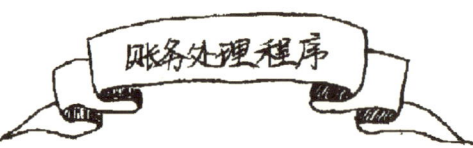
账务处理程序

也称为会计核算形式,是指在会计核算中以账簿组织为中心,把会计凭证、会计账簿和记账顺序有机地结合在一起的技术组织方式。

会计报表做好了,一个会计循环基本就结束了!

除了经济业务不同,那是否所有企业做账方式都一样呢?

如果都一样,那换个企业做账也会很方便了!

不同的企业所采用的记账程序、登记总账的方法会有所不同的,并由此构成了不同的账务处理程序。

有:
① 记账凭证账务处理程序
② 科目汇总表账务处理程序
③ 汇总记账凭证账务处理程序
④ 日记总账账务处理程序

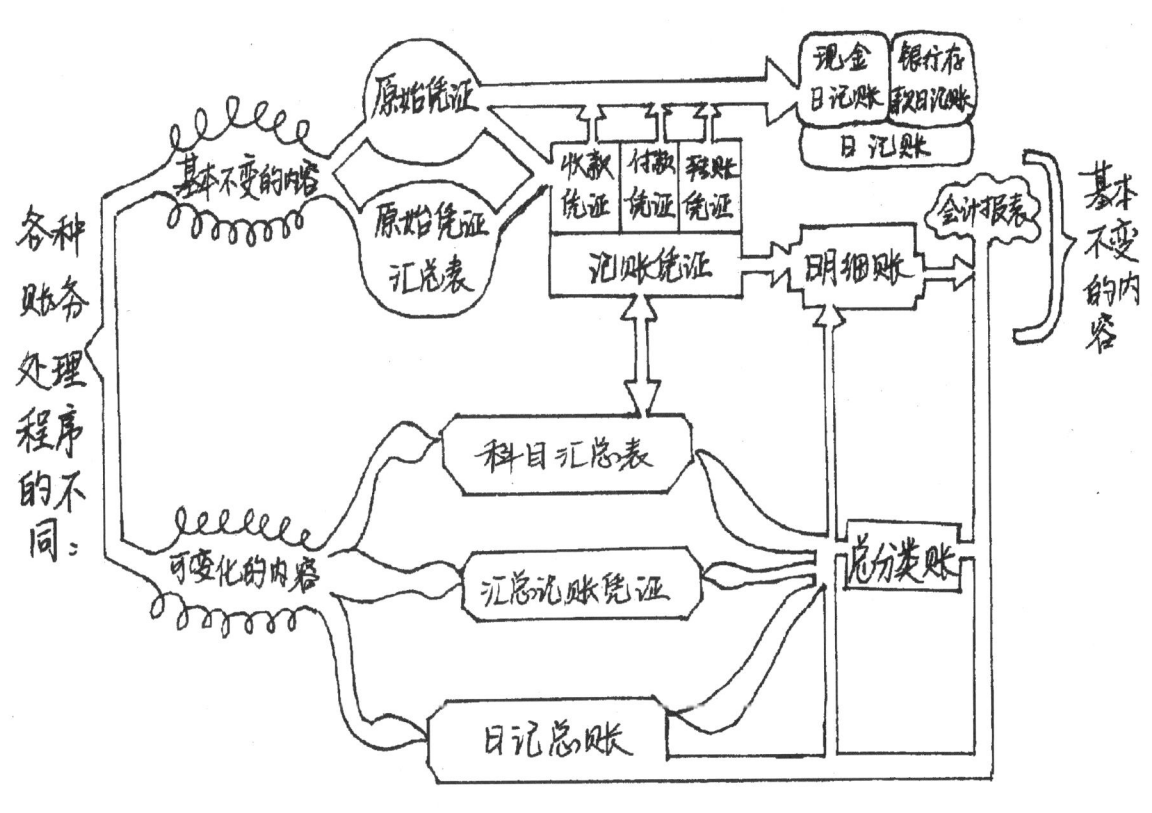

1. 汇账凭证账务处理程序

是直接依据汇账凭证登汇总账为特点的，是最基本的账务处理程序。由于登记总账的工作繁重，所以只适用小企业。

2. 科目汇总表账务处理程序

是根据科目汇总表直接登汇总账的账务处理程序，科目汇总表的格式有点像试算平衡表的中间部分。

科目汇总表

20XX年X月X日至X日

会计科目	本期发生额		账页
	借方	贷方	
库存现金	×××	×××	
银行存款	×××	×××	
……			
合计	×××	×××	

借方发生额合计=贷方发生额合计

科目汇总表的编制依据是记账凭证与所附原始凭证。

总账

会计科目：库存现金

XX年 月 日	摘要	借方	贷方	借/贷	余额
X 1	期初余额			借	×××
……					
30	科汇1号	×××	×××		
30	期末余额			借	×××

总账

会计科目：银行存款

XX年 月 日	摘要	借方	贷方	借/贷	余额
X 1	期初余额			借	×××
30	科汇1号	×××	×××		
30	期末余额			借	×××

> 企业如果每月的经济业务比较少，每月只有编制一张科目汇总表，等月末根据科目汇总表的发生额合计数登入总账就可以了，节省了登记总账的工作。
> 但缺点是账户对应关系不清。尽管如此，大多数企业都用这种方式。

3、汇总记账凭证账务处理程序

是先根据记账凭证编制汇总记账凭证，然后再根据汇总记账凭证登记总账为特征的。

汇总收款凭证

借方科目：××   20XX年×月   编号：××

贷方科目	金额			合计	总账页码
	1~10日 收款凭证 第×号至第×号	11~20日 收款凭证 第×号至第×号	21~31日 收款凭证 第×号至第×号		
合计					

会计主管：×××   记账：×××   审核：××   制证：××

> 将本期（一个月）的收款凭证分三次汇总到汇总收款凭证中去。（每10天汇总一次）企业每月会有两张汇总收款凭证，即：银行存款汇总收款凭证，库存现金汇总收款凭证。

汇总付款凭证

贷方科目：××   ×年×月   编号：×××

借方科目	金额			合计	总账页码
	1~10日付款凭证 第×号至第×号	11~20日付款凭证 第×号至第×号	21~31日付款凭证 第×号至第×号		
合计					

会计主管：××   记账：×××   审核：×××   制证：×××

> 汇总付款凭证每月汇总三次，依据是付款凭证，企业每月会有两张汇总付款凭证，即：银行存款汇总付款凭证与库存现金汇总付款凭证。

汇总转账凭证

贷方科目：××　　　20××年×月　　　　　　　　编号：×××

借方科目	1~10日转账凭证 第×号至第×号	11~20日转账凭证 第×号至第×号	21~31日转账凭证 第×号至第×号	合计	总账页码
合计					

会计主管：　　　　　记账：×××　　　　审核：×××　　　　制证：×××

> 由于汇总转账凭证是按贷方科目开设，按借方科目归类的，那样每月汇总转账凭证的张数会有多张了。
>
> 汇总转账凭证的编制依据是转账凭证。

由于汇总记账凭证汇总数据是分期间的。因此，登记总账的工作还是比较繁重的。而且编制汇总记账凭证的工作量还是很大的。所以尽管与科目汇总表账务处理相比，具有反映账户对应关系明确的优点，但一般只适用大型企业。

4. 日记总账账务处理程序 是以日记总账替代总账为特征的。

日记总账的格式如下：

日 记 总 账

×× 年		记账凭证		摘要	库存现金		银行存款		原材料		生产成本		……
月	日	字	号		借	贷	借	贷	借	贷	借	贷	……
				本期发生额合计									
				期末余额									

哈，在一张纸上记那么多，怎么记得下啊？！

所以这种方式只适用于小企业了。

总结下：
账务处理程序相同点：
　　凭证 —— 账簿 —— 报表
账务处理程序不同点：
　　登记总账的依据与方法不同！

二、会计法规体系

是协调、统一会计处理过程中对不同处理方法作出合理选择的假设、原则、制度的总和。

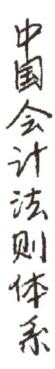

中国会计法则体系

第一层次：
会计法（1985年颁布，1999年第三次修订）

第二层次：
① 基本会计准则
② 具体会计准则 ——→ 41个会计准则
③ 小企业会计准则

第三层次：
会计制度 { 官方制定的 { 企业会计制度
金融企业会计制度
企业制定的会计制度 ——→ 企业其他规范

其中，基础会计涉及较多的是基本会计准则——会计概念框架部分是：

(一) 会计假设 是对会计工作的所处时间、空间范围进行合理的规范。

(1) 会计主体：会计工作为之服务的特定单位和组织。

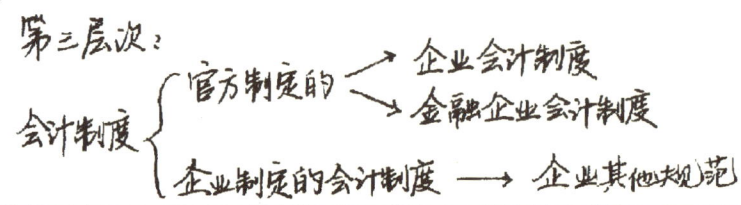

会计做账必须站的立场与角度 { 企业 事业单位 团体 } 会计服务的对象

(2) 持续经营：假设会计主体的经济活动在可以预见的将来，将按照法定的方针与政策继续经营下去，不会倒闭。

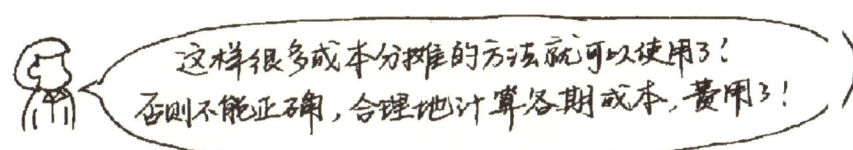
这样很多成本分摊的方法就可以使用了！否则不能正确、合理地计算各期成本、费用了！

(3) 会计分期：是指一个企业持续经营的生产活动划分为一个个连续、长短相同的期间，这种划分称为会计分期。

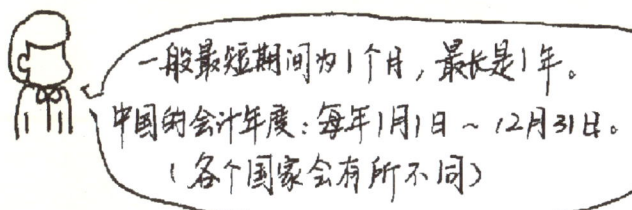
一般最短期间为1个月，最长是1年。
中国的会计年度：每年1月1日～12月31日。
（各个国家会有所不同）

(4) 货币计量：反映每个会计期间的经营成果和期末的财务状况时用货币作计量单位。

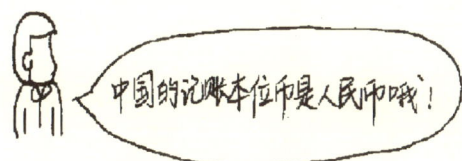
中国的记账本位币是人民币哦！

(二) 会计信息质量要求

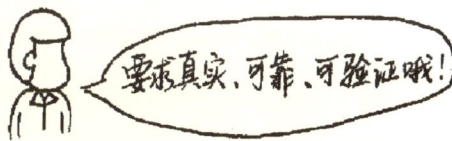
要求真实、可靠、可验证哦！

1、 客观性（真实性）：要求企业应当以实际发生的交易或事项为依据进行会计账务处理。

2、 相关性（有用性）：要求企业提供的会计信息，应当与财务会计报告使用者的经营决策需要有关。

3. **可比性** 要求同一企业不同时期发生的相同或者相似的交易或者事项，应当采用一致的会计政策，不得随意变更。确实需要变更的，应当在附注中说明。不同企业发生的相同或者相似的经济业务，应当采用规定的会计政策，确保会计信息口径一致，相互可比。

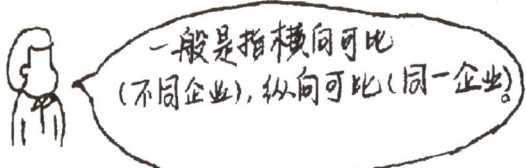

一般是指横向可比（不同企业），纵向可比（同一企业）。

4. **实质重于形式** 要求企业应当按照经济业务的实质进行会计核算，重本质，不要看形式哦！

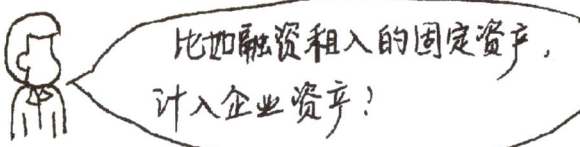

比如融资租入的固定资产，计入企业资产？

5. **明晰性** 要求企业提供的会计信息应当清晰明了，便于财务报告使用者理解和使用。

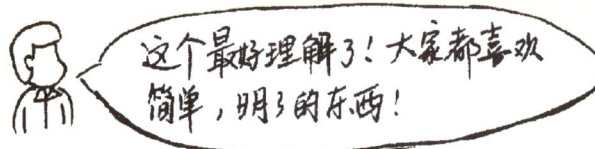

这个最好理解了！大家都喜欢简单、明了的东西！

6. **重要性**：企业提供的会计信息应当反映与企业财务状况、经营成果和现金流量等有关的重要交易或者事项。

> 重要的信息，就是金额、数量足够大，还有性质重要的（尽管数量不大的）

7. **谨慎性**：要求企业提供的信息中，不应高估资产或者收益，低估负债或者费用。

> 那就是打消别人乐观的预期，比如可以合理预计企业坏账损失喽！

8. **及时性**：要求企业要及时进行会计确认、计量报告，不得提前或者延后。

> 也就是每月必须到最后一天结账，不能提前呢！

其实上面8个原则对其他信息的提供也是适用的！

至于具体准则要由《中级财务会计》来介绍了！

基础理论、基础知识、基本方法就介绍到此了！